utb 4345

Eine Arbeitsgemeinschaft der Verlage

Böhlau Verlag · Wien · Köln · Weimar
Verlag Barbara Budrich · Opladen · Toronto
facultas · Wien
Wilhelm Fink · Paderborn
A. Francke Verlag · Tübingen
Haupt Verlag · Bern
Verlag Julius Klinkhardt · Bad Heilbrunn
Mohr Siebeck · Tübingen
Nomos Verlagsgesellschaft · Baden-Baden
Ernst Reinhardt Verlag · München · Basel
Ferdinand Schöningh · Paderborn
Eugen Ulmer Verlag · Stuttgart
UVK Verlagsgesellschaft · Konstanz, mit UVK/Lucius · München
Vandenhoeck & Ruprecht · Göttingen · Bristol
Waxmann · Münster · New York

Kompetent lehren
Herausgegeben von Sabine Brendel

Band VII
Eva Buff Keller • Stefan Jörissen
Abschlussarbeiten im Studium anleiten, betreuen und bewerten

Eva Buff Keller
Stefan Jörissen

Abschlussarbeiten im Studium anleiten, betreuen und bewerten

Verlag Barbara Budrich
Opladen & Toronto 2015

Die AutorInnen:

Dr. phil. nat. Eva Buff Keller ist wissenschaftliche Mitarbeiterin der Hochschuldidaktik der Universität Zürich und Co-Studiengangleiterin des CAS-Zertifikatskurses „Hochschuldidaktik“ an der PH Zürich. Daneben arbeitet sie als Dozentin an der ETH Zürich und als freiberufliche Supervisorin.

Dr. phil. Stefan Jörissen ist Dozent für Deutsch und Kommunikation an der Zürcher Hochschule für Angewandte Wissenschaften (ZHAW) und Kursleiter im hochschuldidaktischen Weiterbildungsprogramm von Universität und ETH Zürich.

Bibliografische Information der Deutschen Nationalbibliothek
Die Deutsche Nationalbibliothek verzeichnet diese Publikation in der Deutschen Nationalbibliografie; detaillierte bibliografische Daten sind im Internet über http://dnb.d-nb.de abrufbar.

Gedruckt auf säurefreiem und alterungsbeständigem Papier.

www.budrich-verlag.de

ISBN 978-3-8252-4345-6

Satz: Susanne Albrecht-Rosenkranz, Leverkusen, info@lektorat-albrecht.de
Umschlaggestaltung: Atelier Reichert, Stuttgart
Druck: Friedrich Pustet, Regensburg
Printed in Germany

Inhalt

Abbildungsverzeichnis

Tabellenverzeichnis

Vorwort

Das Betreuen und Begleiten von Abschlussarbeiten macht einen großen Teil der Arbeit von Dozierenden an Hochschulen aus: Studierende müssen fachwissenschaftlich betreut, mit Hinweisen zur Zeitplanung oder zur wissenschaftlichen Textproduktion beraten und manchmal dabei unterstützt werden, Schwierigkeiten und Blockaden zu überwinden. Schließlich sollen Dozierende die fertige Arbeit begutachten, bewerten und dazu Rückmeldungen formulieren.

Dies ist ein komplexes Aufgabenfeld, bei dem zwei zentrale Aufgaben für Dozierende zusammenkommen: die fachliche wie die soziale Begleitung und Betreuung von Studierenden und die Vermittlung von fachlichen und überfachlichen Kompetenzen – insbesondere im Bereich des wissenschaftlichen Schreibens. Denn im sogenannten „*Masterpiece*“ (s. Kap. 1.1) stellen Absolvierende nicht nur ihre erworbenen fachlichen Kompetenzen dar, sondern auch ihre im Studium erworbene Fähigkeit, umfangreiche Forschungsvorhaben durchzuführen und diese in einer wissenschaftlichen Arbeit zu dokumentieren.

Die Autorin und der Autor haben die Themenfelder „Betreuung und Begleitung von Studierenden bei Abschlussarbeiten“ und „wissenschaftliches Schreiben“ miteinander verbunden. Sie gehen dabei nicht nur auf die Mikroebene der Lehr- und Betreuungs-/Begleitungssituation zwischen Lehrenden und Studierenden ein, sondern betrachten auch die notwendige Einbettung von überfachlichen Kompetenzen in die Curricula. Als Orientierung in diesem komplexen Geschehen haben sie einen „*Framework*“ für die Begleitung von wissenschaftlichen Abschlussarbeiten entwickelt. Dieser Rahmen kann den Dozierenden helfen, sich einerseits im Dschungel ihrer verschiedenen Aufgaben und andererseits in den verschiedenen Rollen, welche im Begleitprozess einzunehmen sind, zurechtzufinden.

Zürich, im Frühjahr 2015
Sabine Brendel

Dank an alle Beteiligten

Dieses Buch läge nicht vor, wenn nicht zahlreiche Personen aus unterschiedlichen Disziplinen dazu direkt oder indirekt beigetragen hätten. Wir danken insbesondere allen unseren Kursteilnehmenden, welche uns in den letzten 20 bzw. 5 Jahren Einblick in ihre Betreuungstätigkeit gegeben und die verschiedenen Aspekte einer guten Begleitung bei Abschlussarbeiten aus unterschiedlichsten Blickwinkeln und Perspektiven mit uns diskutiert haben. Ein großer Dank geht auch an unsere Kolleginnen und Kollegen, deren Konzepte und Dokumente wir als Praxisbeispiele in unser Buch aufnehmen durften. Dies gilt vor allem für Dr. Ueli Merz (Hauptdozent der Lehrveranstaltung „Dokumentieren - Präsentieren - Diskutieren“ im Masterstudiengang Agrarwissenschaft an der ETH Zürich) und Prof. Dr. Andreas Deuber (Studienleiter Bachelor-Studium Tourismus) von der HTW Chur. Lukas Moll von der Hochschuldidaktik der Universität Zürich danken wir für die kluge grafische Umsetzung der Abbildungen in diesem Buch. Die Herausgeberin der Reihe „Kompetent Lehren“, Dr. Sabine Brendel, verdient unseren Dank für das stets konstruktive, kritische und wertschätzende Feedback zu unseren Manuskripten. Nicht zuletzt danken wir Familie und Freunden für ihr Verständnis, wenn wir manches Wochenende schreibend und arbeitend verbracht haben.

Zürich, im Frühjahr 2015
Eva Buff Keller, Stefan Jörissen

1 Überblick

1.1 Rahmenbedingungen, Ebenen und Dimensionen der Begleitung

Vom Meisterstück zur Masterarbeit

Das Gesellen- und das Meisterstück zählen seit dem Mittelalter zu den Grundpfeilern der deutschen Handwerkerausbildung. Um in den Gesellenstand aufgenommen zu werden, musste ein Lehrbursche ein Werkstück anfertigen und damit seine Fertigkeiten unter Beweis stellen. Für die Berufung zum Meister und die Aufnahme in eine Zunft musste ein Geselle mit dem Meisterstück abermals ein Zeugnis seines Könnens abliefern. Die englische Sprache übernahm im 16. Jahrhundert den deutschen Begriff des „Meisterstücks“ bzw. das niederländische „Meesterstuk“ und schuf daraus das englische „Masterpiece“. Daneben kannte das Englische den Begriff des „Bachelors“, der ursprünglich die Anwärter oder jungen Mitglieder einer Zunft, einer Universität oder einer Klostergemeinschaft bezeichnete (Grimm/Grimm 1885, Oxford University Press 1989, vgl. Arnold/Gonon 2006: 28-43).

Über die Deklaration eines einheitlichen europäischen Hochschulraumes kehrten der Begriff des Meisterstücks bzw. der „Masterarbeit“ und analog dazu der Begriff der „Bachelorarbeit“ in den späten 1990er-Jahren in den deutschsprachigen Raum zurück. Die modernen Qualifikationsarbeiten haben dabei mit Werkstücken der mittelalterlichen Berufsausbildung mehr gemein, als man spontan vermuten würde: Auch mit einer Bachelor- oder Masterarbeit zeigen Lernende am Ende eines Ausbildungsabschnitts, was sie gelernt haben und wie sie das erworbene Wissen und die erlernten Fähigkeiten anwenden können. Sie müssen dabei nicht nur einzelne Kenntnisse und Fertigkeiten des Faches anwenden, sondern diese synthetisierend zusammenfügen und ihre Arbeit mit guter Planung und Selbstdisziplin vorantreiben und abschließen. Die Arbeiten sind dabei nicht zuletzt auch Teil eines Aufnahmerituals: Mit ihrer Masterarbeit zeigen Studierende, dass sie in ihrer Disziplin nun „dazugehören“.

Rahmenbedingungen und Anforderungen

Unterschiede zur früheren Berufsbildung bestehen allerdings bei den Rahmenbedingungen, unter denen Bachelor- und Masterarbeiten heute angefertigt werden: Wo eine Expertin Dutzende von Novizen bei der Ausbildung begleiten muss, kann sie nicht mehr – wie einst der Meister in der Berufslehre oder der Gelehrte an der Universität – mit jedem Studenten individuelle Lernwege aushandeln und diese im regen Austausch steuern. Die Qualifizierungen sind in ein System von klar definierten Studienleistungen eingebunden und bewegen sich bezüglich Dauer und Arbeitsvolumen in vorgegebenen Grenzen. Eine starke Standardisierung soll die Vergleichbarkeit der Abschlüsse sicherstellen, sie ist aber auch eine Antwort auf die Ausweitung der Hochschulbildung. Klare Strukturen und Prozesse bieten teilweise Ersatz für eine enge Begleitung, die an großen Hochschulen nicht immer möglich ist. Die angestrebte Vergleichbarkeit, aber auch der angesichts der höheren Absolventenzahlen entstehende Ruf nach einer qualitativen Abstufung der Abschlüsse führen zudem dazu, dass Bachelor- und Masterarbeiten wie (andere) Studienleistungen anhand von nachvollziehbaren Kriterien zu benoten sind und ihre Qualität dokumentiert werden muss.

Die Berufswelt, aber auch der moderne Wissenschaftsbetrieb stellen an Hochschulabsolventen heute andere Anforderungen als an frühere Akademikergenerationen: Auch wenn eine solide Wissensbasis immer noch die Grundlage einer erfolgreichen beruflichen oder wissenschaftlichen Tätigkeit bildet, sind in einer von Wandel und Zusammenarbeit geprägten Informationsgesellschaft die Anwendung dieses Wissens auf neue Situationen und soziale Fähigkeiten (wie z.B. Team- oder Kommunikationsfähigkeiten) genauso wichtig. Die systematische Förderung von überfachlichen Kompetenzen, wie sie durch die Vorgaben des gemeinsamen europäischen Hochschulraums skizziert wird (vgl. González/Wagenaar 2005, Rychen/Salganik 2001), ist daher ein wichtiges Ziel einer modernen Hochschulausbildung.

Bachelor- und Masterarbeiten bieten Studierenden dabei eine geeignete Gelegenheit, ihre überfachlichen Kompetenzen weiterzuentwickeln und sie im Rahmen eines umfangreichen Projektes auszuweisen. Herausgefordert ist insbesondere die

Fähigkeit, Forschungsresultate und eigene Überlegungen im Kontext des Fachdiskurses darzustellen, also die Fähigkeit, kohärente und textsortenkonforme wissenschaftliche Texte zu verfassen.

Framework für die Begleitung von Abschlussarbeiten

Bachelor- und Masterarbeiten erfüllen damit vielfältige didaktische und gesellschaftliche Funktionen. Sie stellen nicht nur für ihre Verfasser eine Herausforderung dar, sondern bringen auch hohe Ansprüche an die Personen und Instanzen mit sich, die für die Begleitung der Arbeiten verantwortlich zeichnen. Dies sind zum einen die Dozierenden, welche die direkte Begleitung der Arbeiten übernehmen und die Arbeiten dabei i.d.R. auch bewerten. Zum anderen sind dies aber auch die Verantwortlichen der Studiengänge oder Hochschulinstitute, an denen die Arbeiten verfasst werden. Sie können durch geeignete Rahmenbedingungen und Vorgaben wesentlich dazu beitragen, dass Studierende einen maximalen persönlichen Nutzen aus dem Verfassen ihrer Abschlussarbeiten ziehen.

Für eine umfassende und effektive Begleitung von Abschlussarbeiten im Studium ergibt sich ein Framework mit mehreren personellen Ebenen und Dimensionen: Es berücksichtigt die Ebenen „Student", „Dozentin" und „Studiengang" und die Dimensionen „fachliche Kompetenzen", „überfachliche Kompetenzen", „Begleitung" und „Bewertung". Der wissenschaftlichen Schreibkompetenz kommt unter den überfachlichen Kompetenzen dabei eine gesonderte Rolle zu.

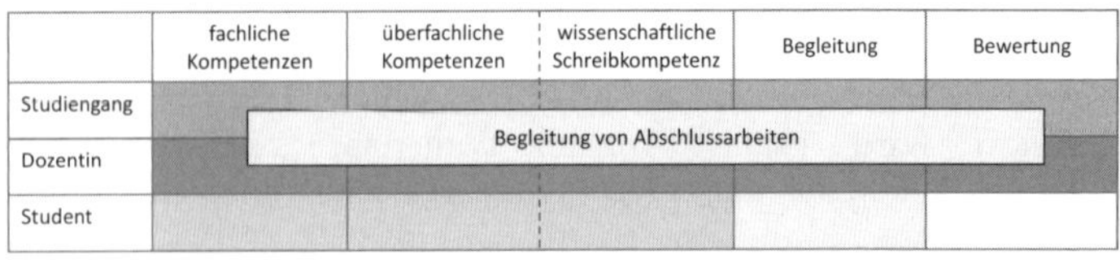

Abb. 1: Framework für die Begleitung von Abschlussarbeiten

Eine gute Begleitung spielt sich damit nicht nur zwischen dem einzelnen Studenten und seiner Betreuerin ab, sondern hängt auch vom institutionellen Rahmen ab, in dem sich diese individuelle Begleitung bewegt. Geeignete Maßnahmen auf dieser Ebene – z.B. Einführungsveranstaltungen mit integrierten Trainingseinheiten zu überfachlichen Kompetenzen, Peer-Feedback-Gruppen oder curriculare Vorgaben für die Begleitung – tragen nicht nur dazu bei, dass Studierende bei ihren Abschlussarbeiten ihre Kompetenzen in möglichst unterschiedlichen Bereichen stärken und die Qualität der Arbeiten steigt. Sie stellen für die einzelnen Betreuerinnen auch eine Entlastung dar, da die individuelle Begleitung bei vielen nicht-fachlichen Themen auf eine solide Grundlage zurückgreifen oder gewisse Fragen ganz aussparen kann.

1.2 Zum vorliegenden Buch

Studentische Arbeiten im Studium und in anderen Ausbildungssituationen

Das vorliegende Buch möchte aufzeigen, wie die im Framework genannten Ebenen und Dimensionen für die Begleitung von studentischen Arbeiten im Studium in optimaler Form zusammenwirken können. Das Buch beruht auf dem Wissen, das seine Autorin und sein Autor während Jahren in der wissenschaftlichen Auseinandersetzung mit didaktischen Fragen, Beratung, Schreibforschung, Curriculumstheorie und überfachlichen Kompetenzen erworben haben, und auf den Erfahrungen, die sie als Kursleitende, Dozierende und Beratende in Lehre und Weiterbildung praktisch umgesetzt haben.

Die Überlegungen beziehen sich dabei insbesondere auf Bachelor- und Masterarbeiten, da diese im deutschsprachigen Raum an den meisten Hochschulen fester Teil der regulären Studiengänge sind. Anhand der mehrjährigen Bachelor- und Masterstudiengänge lässt sich überdies prototypisch zeigen, wie sich neben den fachlichen auch überfachliche Kompetenzen (wie Projektmanagement, Präsentations- oder Problemlösetechniken etc.) systematisch aufbauen lassen und wie eine umfassende Begleitung ausgestaltet werden kann. Zudem schreiben Studierende insbesondere in den Sozial- und Geisteswissenschaften auch schon während des Studiums längere Arbeiten, also Proseminar- und Seminararbeiten, Hausarbeiten etc.

Auch außerhalb des Bachelor- und Mastersystems entstehen in vielen Ausbildungsgängen umfangreiche schriftliche Arbeiten, etwa in der höheren Berufsbildung, im Weiterbildungsbereich oder in Fachgebieten, die ihren Nachwuchs nicht im Rahmen des europäischen Hochschulraumes schulen. Die Überlegungen, die im vorliegenden Buch vorgestellt werden, lassen sich auch auf diese Bereiche übertragen, obschon die entsprechende Terminologie, die genannten Zeitspannen usw. im konkreten Fall anders aussehen mögen.

Idealzustand als Orientierung

Das vorliegende Buch soll Betreuende, aber auch Studiengangverantwortliche und andere Entscheidungsträgerinnen dazu inspirieren, ihre bisherige Betreuungspraxis bzw. die Strukturen bei der Betreuung von Abschlussarbeiten zu reflektieren und – wo nötig, sinnvoll und möglich – zu verbessern. Die Ausführungen beschreiben bewusst einen Idealzustand, der in der Realität nur teilweise besteht und der sich an vielen Hochschulen aufgrund der Rahmenbedingungen auch nicht vollständig realisieren lässt. Dennoch lohnt es sich, das Ideal anzustreben und sich als Betreuerin oder Studiengangleiterin dafür einzusetzen, dass Studierende eine gute Begleitung erhalten. So können Studierende in den letzten, intensiven Semestern ihres Studiums ihr Können, ihre Fähigkeiten und Kompetenzen unter Beweis stellen und gleichzeitig durch eine gute Begleitung und ein konstruktives Feedback nochmals viel für ihre weitere Ausbildung, ihre wissenschaftliche Karriere oder spätere Berufstätigkeit lernen.

Übersicht über den Inhalt

Das Buch geht zunächst auf die Bedeutung von fachlichen und überfachlichen Kompetenzen für das Studium und den weiteren Karriereverlauf von Absolventinnen ein und zeigt auf, welche Kompetenzfelder dabei zu berücksichtigen sind. Es stellt dar, wie sich überfachliche Kompetenzen ins Studium integrieren lassen, und zeigt exemplarisch auf, wie dies auf curricularer Ebene, in einzelnen Lehrveranstaltungen oder bei der individuellen Begleitung von Arbeiten geschehen kann (Kap. 2). Das wissenschaftliche Schreiben als eine überfachliche Kompetenz, die im Studium besondere Relevanz hat, beschreibt das Buch ausführlicher. Es wird als individuell unterschiedlich ablaufender Prozess charakterisiert, der im Studium systematisch vermittelt werden soll und bei der Begleitung von Abschlussarbeiten besondere Aufmerksamkeit verdient (Kap. 3).

Die beiden folgenden Kapitel widmen sich der eigentlichen Begleitung von Abschlussarbeiten. Zunächst werden die Wirk- und Kontextfaktoren skizziert, die für die Begleitung von Abschluss- bzw. anderen studentischen Arbeiten ausschlaggebend sind. Dazu zählen die Persönlichkeit der Betreuerin, ihre Erfahrungen während des eigenen Studiums und der institutionelle Rahmen der Begleitung, aber auch die Frage, wie die Begleitung im Kontinuum zwischen direktiver Führung mit klaren Vorgaben und non-direktiver Beratung zu verorten ist (Kap. 4). Ein ausführlicher Überblick zeigt anschließend die Schritte auf, die eine Begleitung üblicherweise durchläuft: Auf die Vorbereitung und Themenwahl folgt die Startphase mit einem Contracting, bei dem sich Betreuerin und Student über das Vorgehen beim Verfassen der Arbeit und über die Form ihrer Zusammenarbeit verständigen. Während der Arbeit findet idealerweise eine Phase mit Rückmeldungen und fest vereinbarten Meilensteinen statt, zur Schlussphase gehören meist ein Prüfungs- und ein abschließendes Feedback-Gespräch. Dabei wechselt die Betreuerin die Rolle und wird – i.d.R. zusammen mit einer Co-Examinatorin – zur Bewerterin (Kap. 5).

Das folgende Kapitel umfasst Überlegungen zur Bewertung von wissenschaftlichen Abschlussarbeiten. Zunächst werden Bewertungen von anderen Formen der Rückmeldung abgegrenzt und der erwähnte Rollenwechsel von der Begleiterin zur Bewerterin vertieft betrachtet. Danach kommen Notengebung und Bewertungskriterien zur Sprache (Kap. 6).

Den Abschluss des Buches bildet eine Zusammenfassung mit einer Checkliste, in der die wichtigsten Aspekte des Buches nochmals komprimiert dargestellt sind (Kap. 7).

Begleiten, Betreuen und Beraten

Wir verstehen „Begleiten“ - respektive synonym das aus pädagogischen Kontexten stammende „Betreuen“ - im vorliegenden Buch als Oberbegriff, der eine systematische, längerfristige Unterstützung bei einem komplexen Vorhaben beschreibt (vgl. Thomann 2011: 18). Begleitung findet im Hochschulkontext i.d.R. bei umfangreichen schriftlichen Arbeiten von Studierenden statt, aber auch bei Projekten, im Selbststudium, im Praktikum, im Labor etc. Eine Begleitung ist - im Unterschied zur Beratung - für bestimmte studentische Leistungen per se vorgesehen und findet nicht erst auf Nachfrage hin statt. Begleitung kann unabhängig vom Präsenzunterricht oder ihn begleitend, direkt, online oder in einem gemischten Setting (Blended Learning) stattfinden.

Von der Begleitung bzw. Betreuung abzugrenzen ist der Begriff der „Beratung“. Als Beratung gelten punktuelle Interventionen, bei denen eine Beraterin - häufig ausgehend von einer konkreten Frage- oder Problemstellung - eine Suche nach Lösungsschritten unterstützt. Beratung richtet sich in der Regel an einzelne Studenten oder kleine Gruppen und erstreckt sich zielorientiert über einen kürzeren Zeitraum. Dies kann z.B. bei Schreibhemmungen, Schwierigkeiten bei der Bearbeitung einer wissenschaftlichen Fragestellung oder bei ungenügenden Leistungen der Fall sein. Auch Fragen zum Studium generell oder zur Wahl einzelner Elemente können Anlass für eine Beratung sein. Beratung wird für bestimmte Fragestellungen an einzelnen Hochschulen teilweise auch fachübergreifend angeboten - etwa in Schreibzentren, im Rahmen einer fachlichen Studienberatung, einer Karriereberatung oder einer psychologischen Beratung.

Beratung kann - als tendenziell kurzfristige, problemorientierte Maßnahme - zum Teil einer langfristigen, problemunabhängigen Begleitung werden. Dies kann etwa dann der Fall sein, wenn in bestimmten Bereichen, z.B. beim Zeitmanagement oder beim wissenschaftlichen Schreiben - Schwierigkeiten auftreten. In bestimmten Fällen kann neben der Betreuung auch eine Beratung durch eine weitere Expertin sinnvoll sein, damit sich die eigentliche Betreuerin zeitlich und inhaltlich auf die mit ihrer Rolle verbundenen Aufgaben konzentrieren kann.

Zur Begrifflichkeit dieses Buches: Studiengänge, Dozentinnen und Studenten

Ein Studium findet immer im Rahmen einer bestimmten Struktur statt. Für diese Strukturen haben sich allerdings vielfältige Namen etabliert, etwa die Begriffe ‚Studienprogramm' und ‚Studiengang' oder der schlichte Begriff des ‚Fachs'. Im vorliegenden Buch sprechen wir von ‚Studiengängen', meinen aber natürlich auch alle anderen organisationalen Strukturen, die den Rahmen für eine systematische wissenschaftliche Ausbildung bilden. Die Personen, die für diese Strukturen verantwortlich zeichnen, nennen wir konsequent Studiengangleiter und bezeichnen damit auch Programmkoordinatorinnen, Institutsleiter, Lehrstuhlinhaberinnen oder andere Entscheidungsträger, die – alleine oder als Gremium – für einen Studiengang verantwortlich sind.

Auch für die Lehrenden an Hochschulen und anderen Bildungseinrichtungen finden sich unterschiedliche Bezeichnungen. Im vorliegenden Buch nutzen wir die Begriffe ‚Dozierende' bzw. ‚Dozentin' und ‚Dozent' für sämtliche Angehörigen einer Institution, die in der Lehre tätig sind und wissenschaftliche Arbeiten begleiten. Damit sind Assistentinnen genauso gemeint wie wissenschaftliche Mitarbeiter oder Professorinnen. Der Begriff beschränkt sich damit also nicht auf eine bestimmte Personalkategorie.

An Hochschulen und anderen Bildungseinrichtungen studieren und lehren – je nach Disziplin mit unterschiedlichen Anteilen – Frauen und Männer. Die Überlegungen im vorliegenden Buch sind gleichermaßen für weibliche und männliche Lehrende wie für männliche und weibliche Studierende gültig. Wo wir keine geschlechtsneutralen Formulierungen verwenden können, nutzen wir im vorliegenden Buch in der Regel die weibliche Form ‚Dozentin' für Dozentinnen und Dozenten bzw. die männliche Form ‚Student' für Studenten und Studentinnen. Wir wenden uns also– unabhängig vom grammatikalischen Geschlecht im Text – immer an Männer und Frauen.

2 Fachliche und überfachliche Kompetenzen

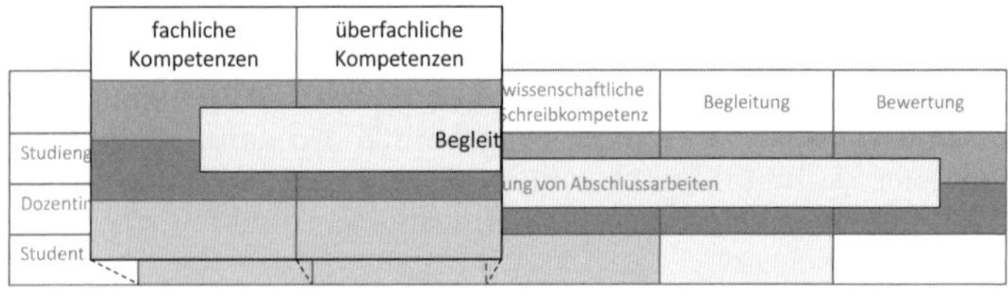

Abb. 2: Fachliche und überfachliche Kompetenzen im Framework für die Begleitung von Abschlussarbeiten

Um größere wissenschaftliche Arbeiten im Studium durchzuführen und schriftlich zu dokumentieren, müssen Studierende über entsprechendes Fachwissen verfügen und fachspezifische Methoden anwenden können – dazu zählt das Mikroskopieren in der Biologie, die Anwendung statistischer Verfahren in der Soziologie etc. Diese fachlichen Inhalte und Methoden bilden den Schwerpunkt eines Hochschulstudiums, sodass Studierende am Ende ihres Studiums in diesen Bereichen über ausgeprägte Kompetenzen verfügen und sich bei Bedarf über Fachliteratur weitere Informationen beschaffen oder ihre Dozierenden um Unterstützung bitten können.

Bei umfangreichen wissenschaftlichen Arbeiten benötigen Studierende zusätzliche Kompetenzen, die keinen exklusiven Bezug zu ihrer Disziplin aufweisen: Sie müssen Zeitpläne erstellen und einhalten, Material beschaffen, neue Kontakte inner- oder außerhalb der Hochschule etablieren, die Resultate ihrer Arbeit schriftlich darlegen können etc. Sie müssen also auch über überfachliche bzw. fachübergreifende Kompetenzen verfügen. Solche Kompetenzen können nicht ad hoc während der

Arbeit an der Bachelor- oder Masterarbeit erworben werden. Die Studierenden müssen schon während des Studiums schrittweise an die entsprechenden Fähigkeiten und Fertigkeiten herangeführt werden, damit sie während der komplexen und vielschichtigen Arbeit an einer Abschlussarbeit intuitiv oder auch gezielt darauf zurückgreifen können.

2.1 Überfachliche Kompetenzen als Gegenstand des Hochschulstudiums

Nicht nur für das Studium sind überfachliche Kompetenzen gefordert. In einem gesellschaftlichen Kontext, der von einer rasanten Entwicklung des Wissens und der Idee des lebenslangen Lernens geprägt ist, sind sie generell von großer Bedeutung. Auch um komplexe globale Fragen etwa zur Umweltproblematik oder zum interkulturellen Zusammenleben anzugehen, braucht es einen akademischen Nachwuchs, der nicht nur fachlich kompetent ist, sondern auch über Kommunikationsfähigkeiten, ein ethisches Denken und weitere überfachliche Kompetenzen verfügt. Die Aufgabe der Hochschulen besteht daher nicht (mehr) nur darin, fachliches Wissen weiterzugeben, sondern auch darin, ihren Absolventen unabhängig von ihrer disziplinären Herkunft Kompetenzen zu vermitteln, die diese in ihren späteren Wirkungsfeldern anwenden können. Dies ist auch in den Dublin-Deskriptoren festgehalten, die den Rahmen für die angestrebten Lernergebnisse der einzelnen Hochschulstufen auf europäischer Ebene vorgeben. Die Deskriptoren nennen neben „Wissen und Verstehen" auch Aspekte wie die Urteilsfähigkeit, die Entwicklung von individuellen Lernstrategien oder kommunikative Kompetenzen (CRUS/KFH/Coheb 2011: 7-12).

In keiner Phase des Studiums müssen Studierende so vielfältige und unterschiedliche überfachliche Kompetenzen anwenden wie beim Verfassen von Abschlussarbeiten. Mit einer guten Abschlussarbeit legen Studierende Zeugnis davon ab, dass sie sowohl fachlich als auch überfachlich über die im Qualifikationsprofil des Studienganges genannten Kompetenzen verfügen. Deshalb ist es von großer Bedeutung, dass sowohl auf Studiengangebene als auch im Rahmen einzelner Lehrveranstaltungen die erforderlichen überfachlichen Kompetenzen systematisch eingeführt und geschult werden.

Die Entwicklung der überfachlichen Kompetenzen ist biografisch weniger deutlich an die Phase des Studiums gebunden, als dies bei fachlichen Kompetenzen der Fall ist. Studierende verfügen schon vor dem Studium über (unterschiedlich ausgeprägte) Kompetenzen und entwickeln diese in ihrer späteren akademischen oder beruflichen Karriere kontinuierlich weiter. Die Aufgabe der Hochschulen - so der Anspruch - besteht darin, Studierende individuell in angemessener Form zu fördern und sicherzustellen, dass diese in ausgewiesenen Bereichen über fachübergreifende Kompetenzen verfügen. Die Hochschulen tragen damit, wie schon die vorgängigen Schulen, im Sinne eines lebenslangen Lernprozesses auch zur Persönlichkeitsentwicklung von Dozierenden und Studierenden bei (Meyer 2009).

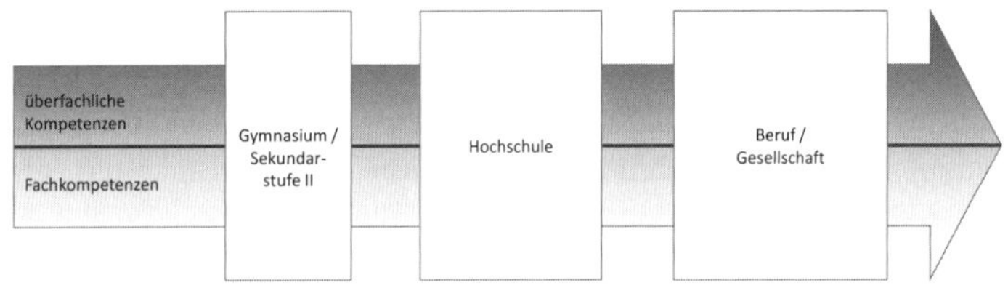

Abb. 3: Die Entwicklung überfachlicher Kompetenzen als Teil eines lebenslangen Lernens

2.2 Methoden-, Sozial- und Selbstkompetenzen

Eine trennscharfe Abgrenzung der überfachlichen Kompetenzen untereinander und teilweise auch von fachlichen Kompetenzen (etwa im Bereich der Informationsbeschaffung) ist schwierig. Eine an der Universität Zürich vorgeschlagene Einteilung, die sich am berufspädagogischen Modell von Roth (1971) orientiert, unterscheidet drei Oberkategorien (Arbeitsstelle für Hochschuldidaktik der Universität Zürich 2010, vgl. auch Reetz 2006, Heyse/Erpenbeck 2009):

- Methodenkompetenzen: Dazu gehören Lern- und Arbeitsstrategien, Recherche und Wissensmanagement, Umgang mit technischen Hilfsmitteln, mündliche und schriftliche Sprachkompetenzen in der Erstsprache und in weiteren Sprachen, Präsentationstechniken oder Projekt- und Zeitmanagement.
- Sozialkompetenzen: Diese umfassen z.B. die Fähigkeit, sich produktiv in Teams einzubringen, die Empathiefähigkeit oder die Kompetenz, konstruktiv Kritik zu üben und Kritik anzunehmen.
- Selbstkompetenzen: Diese umfassen schließlich Aspekte wie Flexibilität, (Lern-)Motivation, Begeisterungsfähigkeit, Stressmanagement, Entscheidungsfreude oder Selbstständigkeit.

Abb. 4: Systematisierung von fachlichen und überfachlichen Kompetenzen (Quelle: Arbeitsstelle für Hochschuldidaktik der Universität Zürich 2010: 17)

Eine Ausbildung von überfachlichen Kompetenzen dient nicht nur der Vorbereitung auf eine spätere Berufstätigkeit inner- oder außerhalb der Wissenschaften, sondern auch der Vorbereitung auf das Erstellen von wissenschaftlichen Abschlussarbeiten. Deshalb ist es von großer Bedeutung, dass sowohl auf Studiengangebene als auch im Rahmen einzelner Lehrveranstaltungen die erforderlichen überfachlichen Kompetenzen systematisch eingeführt und geschult werden.

2.3 Vermittlung von überfachlichen Kompetenzen

Überfachliche Kompetenzen werden im Studium auf unterschiedliche Arten erworben. Es lassen sich drei Formen der Vermittlung unterscheiden:

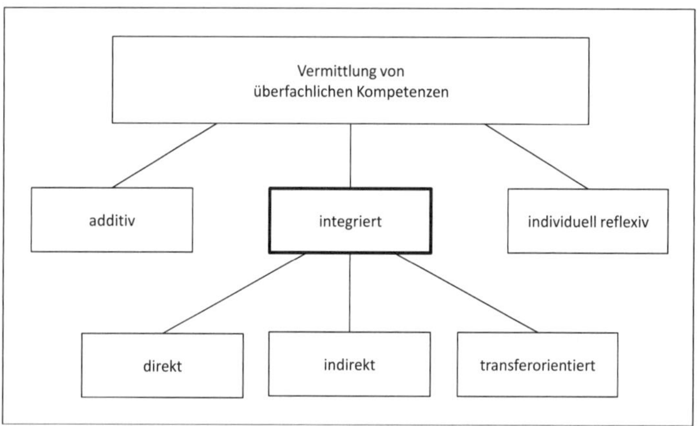

Abb. 5: Vermittlung von überfachlichen Kompetenzen (Quelle: Buff Keller 2009)

Additive Vermittlung

Additive Vermittlung erfolgt dann, wenn separate, vom fachlichen Curriculum losgelöste Lernformate angeboten werden. Dabei kann es sich z.B. um Einführungen ins wissenschaftliche Schreiben oder in die Bibliotheksrecherche, aber auch um separate Kurse zu Projektmanagement oder Präsentationstechniken handeln. In der Praxis erweisen sich additive Angebote allerdings häufig als problematisch, da den Studierenden der Transfer auf ihr „eigentliches" Studium nicht gelingt. Damit solche Angebote wirkungsvoll sind, ist es wichtig, sie inhaltlich und zeitlich so zu konzipieren, dass ihre Relevanz für die Studierenden unmittelbar ersichtlich wird. Zudem sollten die Studierenden auch diese Angebote als (nützlichen) Teil ihres Studiums und nicht als zusätzlichen Aufwand wahrnehmen. Dies lässt sich z.B. dadurch erreichen, dass die Teilnahme an additiven Angeboten im Grundsatz freiwillig ist, von den Dozierenden der Kernfächer aber entweder im Unterricht oder im Rahmen einer individuellen Betreuung explizit empfohlen wird.

Integrierte Vermittlung

Bei integrierten Angeboten eignen sich Studierende überfachliche Kompetenzen grundsätzlich im Rahmen von bestehenden, fachlich orientierten Lehrveranstaltungen und Leistungsnachweisen an. Geschieht dies ohne weitere Anleitung oder Steuerung seitens der Hochschule oder der Dozierenden, spricht man von einem indirekten Erwerb der Kompetenzen. Es liegt dann ein regelrechtes „Learning by doing" vor. Ein solcher Erwerb kann individuell bei einzelnen Kompetenzen sehr erfolgreich verlaufen. Es bleibt dabei aber offen, welche Kompetenzen die Studierenden in welchem Ausmaß entwickeln, und die Hochschule hat wenig Einfluss auf den Erwerb von zentralen Kompetenzen. Zudem bleiben indirekt erworbene Kompetenzen häufig implizites Handlungswissen und sind den Studierenden daher nicht oder nur teilweise bewusst, was z.B. im Hinblick auf eine systematische Weiterentwicklung der Kompetenzen oder auf ein Benennen des eigenen Kompetenzprofils nachteilig sein kann.

Eine direkte, explizite Vermittlung liegt vor, wenn überfachliche Kompetenzen im Rahmen von fachlichen Lehrveranstaltungen theoretisch vermittelt und evtl. in kleineren Übungen trainiert werden. Die Vermittlung ist dann zwar Teil des eigentlichen Studiums, doch besteht auch hier – wie bei additiven Angeboten – die Gefahr, dass Studierende die Relevanz eines Themas nicht erkennen.

Ideal erscheint daher eine transferorientierte Vermittlung von überfachlichen Kompetenzen, da diese die Vorteile einer direkten Vermittlung (eine bewusst initiierte, theoretisch fundierte Auseinandersetzung mit bestimmten überfachlichen Kompetenzen) und eines indirekten Erwerbs (Praxisnähe und unmittelbare Anwendung) kombiniert. Eine transferorientierte Vermittlung liegt z.B. dann vor, wenn sich Studierende im Rahmen einer Lehrveranstaltung in ein fachliches Thema einarbeiten und dabei Recherche-, Präsentations-, Diskussions- und

Schreibkompetenzen vermittelt bekommen, einüben und anwenden (vgl. Kap. 2.5). Ein abschließender Rückblick als Auswertung und Festigung der vermittelten Kompetenzen kann ein solches Setting abrunden.

Individuell-reflexive Vermittlung

Bei dieser Form werden die Studierenden zusätzlich zur additiven oder integrierten Vermittlung dazu angehalten (und angeleitet), die Entwicklung ihrer Kompetenzen zu reflektieren und zu dokumentieren. Dazu bietet sich insbesondere das Lernportfolio als geeignetes Mittel an (Bräuer 2014; vgl. Kap. 2.6). Die systematische Reflexion bzw. Dokumentation kann auch dazu beitragen, die Verbindlichkeit und Relevanz von additiven Angeboten zu erhöhen oder unbewusste Entwicklungen – etwa bei einer indirekten Vermittlung von überfachlichen Kompetenzen – wahrnehmbar und benennbar zu machen.

2.4 Vermittlung auf curricularer Ebene

Wird die Ausbildung überfachlicher Kompetenzen als zentraler Bestandteil eines Hochschulstudiums akzeptiert, müssen die Hochschulen sie konsequenterweise auch systematisch in ihre Curricula aufnehmen und für Studiengänge, Studienabschnitte und einzelne Kurse oder Leistungsnachweise entsprechende Lernziele festlegen. Eine solche Planung liegt in der Verantwortung der Hochschul- oder der Studiengangleiterinnen und kann beispielsweise von hochschuldidaktischen Einheiten sinnvoll unterstützt werden.

Um am Ende ihres Studiums eine Bachelor- oder Masterarbeit selbstständig zu erstellen, müssen Studierende ihre Kompetenzen im Studium aufbauend und ineinandergreifend entwickeln können. Studiengangverantwortliche sollten daher einem Curriculum ein klares Konzept für die Vermittlung überfachlicher Kompetenzen zugrunde legen. Einzelne Kompetenzen müssen dabei in einer sinnvollen Abfolge als Ausbildungsziele festgesetzt und entsprechend im Lehrplan oder in den Modulbeschreibungen ausgewiesen werden. Die Konzeption der Lehr- und Lernsettings in den Lehrveranstaltungen ist dann im Sinne eines sogenannten „Constructive Alignment“ auf die definierten Lernziele auszurichten und die Leistungsnachweise sollen so ausgestaltet sein, dass sie die festgelegten Kompetenzen messen (Biggs/Tang 2011, Anderson et al. 2001).

Kompetenzraster

Kompetenzraster dienen dazu, die in Studium und Beruf relevanten Kompetenzen zu operationalisieren, und stellen eine Grundlage für die Implementierung der Kompetenzen im Studium dar. Sie gliedern die Kompetenzen in einzelne Lernschritte und tragen damit wesentlich zur Ausbildung der Methoden-, Sozial- und Selbstkompetenzen in ganzen Studiengängen bzw. in einzelnen Studienphasen bei.

Kompetenzraster bilden einen möglichen Sollzustand ab. Die Raster halten fest, welche Kompetenzen in welcher Form während des Studiums vermittelt werden sollen, und ermöglichen damit eine kontinuierliche Entwicklung einzelner Kompetenzen im Rahmen des Studiums. Anhand eines Kompetenzrasters lässt sich bei der Curriculumsplanung festlegen, wie die fraglichen Kompetenzen konkret in einzelne Lehrveranstaltungen oder Leistungsnachweise integriert werden können.

Auch bei der Begleitung von Abschlussarbeiten können Betreuerinnen als Referenzrahmen ein Kompetenzraster nutzen, dem sie entnehmen können, was sie von den Studierenden im Hinblick auf wissenschaftliche und allgemeine Arbeitstechniken erwarten können. Für Studiengangverantwortliche kann das Raster eine Leitlinie sein, wie sie gewährleisten können, dass Teilkompetenzen vom ersten Semester an in dafür bestimmten Lehrveranstaltungen oder Modulen vermittelt und trainiert werden.

Beispiel eines Kompetenzrasters für die Bachelor- und Masterstufe

Das folgende Beispiel zeigt ein ausformuliertes Kompetenzraster, das für ein technisch-naturwissenschaftlich ausgerichtetes Bachelor- und Masterstudium entwickelt wurde (Buff Keller 2009, gestützt auf Brall 2009, Gonzalez/Wagenaar 2006, HSGYM 2008,

Meijers et al. 2007, Rychen/Salganik 2001). Je nach Fachrichtung kann ein Kompetenzraster auch bei anderen Kompetenzen und Themen Schwerpunkte setzen. Die genannten Kompetenzen stellen den Sollzustand dar, der durch ein geeignetes Lehr-Lern-Setting und daraus abgeleitete didaktische Maßnahmen in einzelnen Lehrveranstaltungen gefördert werden soll.

	Grundkategorie	**Kompetenzbereich**	**Beispiele von Einzelkompetenzen** Die Studierenden sind in der Lage, die folgenden Handlungen situationsgerecht auszuführen
1. Jahr Bachelor	**Methodenkompetenz**	Lern- und Arbeitsstrategien	Ziele setzen; Ressourcen nutzen; Inhalte strukturieren; selbstgesteuert lernen
		Wissensmanagement	recherchieren; Wissen organisieren
		Arbeitsmedien	Computer als wissenschaftliches Arbeitsinstrument nutzen; mit dem Internet wissenschaftlich arbeiten
		Wissenschaftliches Schreiben	Spezifika von Fachtexten erkennen und Fachtexte von anderen Textsorten unterscheiden; Bibliografieren
		Fach- und Methodenwissen aus anderen Disziplinen	statistische oder ökonomische Modelle verwenden; mathematische Konzepte nutzen
	Selbstkompetenz	Selbstmanagement	sich selbst motivieren; die eigene Aufmerksamkeit steuern; sich im Fachbereich orientieren; dem Lernen einen Sinn geben
		Stressmanagement	unter Stress lernen; konstruktiv mit Stress umgehen
		Identität	ein realistisches Selbstkonzept entwickeln
	Sozialkompetenz	Orientierung und Teamarbeit	die eigene neue Rolle als Studierende/r definieren; in Lerngruppen arbeiten

	Grund-kategorie	Kompetenzbereich	Beispiele von Einzelkompetenzen Die Studierenden sind in der Lage, die folgenden Handlungen situationsgerecht auszuführen
2. Jahr Bachelor	**Methoden-kompetenz**	Lern- und Arbeits-strategien	wissenschaftlich arbeiten; Versuche und Experimente aufbauen; forschungsnah denken und lernen
		Wissenschaftliches Schreiben	eingegrenzte Sachverhalte korrekt und textsortenkonform beschreiben; Fachliteratur systematisch und sinnvoll zitieren
		Arbeitsmedien	ICT-Werkzeuge zur Gestaltung von Lern- und Arbeitsprozessen sinnvoll verwenden
	Selbst-kompetenz	Selbstmanagement	Motivation aufrechterhalten; Initiative entwickeln
	Sozial-kompetenz	Kooperation	Einstieg: in einem Team arbeiten; Feedback geben und empfangen; Projektarbeit durchführen
		Kommunikation	Basisregeln: Wissen mündlich vermitteln

	Grund-kategorie	Kompetenzbereich	Beispiele von Einzelkompetenzen Die Studierenden sind in der Lage, die folgenden Handlungen situationsgerecht auszuführen
3. Jahr Bachelor	**Methoden-kompetenz**	Lern- und Arbeits-strategien	Projektmanagement-Tools einsetzen; interdisziplinär denken und arbeiten
		Problemlösung	allgemeine und fachspezifische Problemlösungsmethoden sowie Entscheidungsmethoden anwenden
		Analyse und Synthese	kritisch denken; wissenschaftlich hinterfragen; statistische Verfahren anwenden
		Wissenschaftliches Schreiben	einen umfassenden wissenschaftlichen Text korrekt und textsortenkonform verfassen
	Selbst-kompetenz	Identität	Identität als Wissenschaftler/-in aufbauen; ethische Aspekte berücksichtigen
		Kultur	Basiswissen und Bewusstsein von interkulturellen Prozessen aufbauen
	Sozial-kompetenz	Kooperation	Weiterentwicklung: in einem Team arbeiten; Feedback geben und empfangen
		Kommunikation	Professionalisierung: Wissen mündlich vermitteln
		Führung	Sitzungen, Diskussionen, Arbeitsgruppen oder Tutorien leiten; mit Konflikten in Gruppen umgehen

	Grund-kategorie	Kompetenzbereich	Beispiele von Einzelkompetenzen Die Studierenden sind in der Lage, die folgenden Handlungen situationsgerecht auszuführen
Master	**Methoden-kompetenz**	Lern- und Arbeits-strategien	vertiefen: inter- und transdisziplinär denken und arbeiten; kritisch denken
		Wissenschaftliches Schreiben	wissenschaftliche Texte auf Englisch verfassen
	Selbst-kompetenz	Kultur	interkulturell denken und arbeiten
	Sozial-kompetenz	Kommunikation	in Englisch kommunizieren
		Kommunikations-medien	wissenschaftliche Erkenntnisse und Prozesse einem breiten Publikum kommunizieren
		Konflikt-management	mit sozialen Konflikten in Gruppen konstruktiv umgehen und diese lösen helfen
		Führung (nur für Hilfsassistent/-innen)	Übungsgruppen leiten; Studierende am PC coachen

Tab. 1: Beispiel eines Kompetenzrasters für die Bachelor- und Masterstufe in technisch-naturwissenschaftlichen Studiengängen (Buff Keller 2009; das Raster wurde für die vorliegende Publikation leicht angepasst)

Kommunikation als wichtiger Stimulus

Damit überfachliche Kompetenzen im Studium erworben werden, sollten sie regelmäßig in Gesprächen zwischen Dozierenden und Studierenden, aber auch im Austausch unter Dozierenden thematisiert werden. Um eine wirkungsvolle Umsetzung entsprechender curricularer Vorgaben zu gewährleisten, müssen sich die Lehrenden über die fachlichen Lehrinhalte hinaus auch im Bereich der überfachlichen Kompetenzen mit den Lernzielen identifizieren können und in der Lage sein, diese Kompetenzen angemessen zu vermitteln. Vor allem Letzteres kann nicht einfach als gegeben vorausgesetzt werden. Es handelt sich dabei ja i.d.R. nicht um Kompetenzen aus dem Fachbereich der Dozierenden, und die Qualifikation zur Dozentin stützt sich immer noch fast ausschließlich auf fachlich bezogene Kriterien. Um überfachliche Kompetenzen nicht nur indirekt, sondern auch direkt vermitteln zu können, sind entweder zusätzliche Informations- oder Weiterbildungsangebote für die Lehrenden anzubieten, oder aber es müssen Expertinnen hinzugezogen werden.

Zudem muss geklärt sein, welche überfachlichen Kompetenzen in welcher Ausprägung im Laufe eines Studiums vermittelt werden und daher in späteren Veranstaltungen eingefordert werden können. Bei jährlich stattfindenden Klausuren der Dozierenden kann z.B. zusammen mit einer angemessenen Vertretung der Studierenden diskutiert werden, ob und inwieweit die Schulung der fachlichen und überfachlichen Kompetenzen im Studiengang gelingt oder wo Anpassungen und Optimierungen oder Veränderungen notwendig sind.

2.5 Vermittlung in Lehrveranstaltungen

Die überfachlichen Kompetenzen, die das Studium fördern soll, können integriert in einzelnen Lehrveranstaltungen gezielt verbessert werden (vgl. das Beispiel in Tabelle 2: Ablauf der Lehrveranstaltung Dokumentieren – Präsentieren – Diskutieren im Masterstudiengang Agrarwissenschaft an der ETH Zürich im Herbstsemester 2014; Dozierende: U. Merz, E. Buff Keller, Ph. Mayer et al.). Die Kompetenzen sollten dabei, ggf. ausgehend von einem übergeordneten Kompetenzraster und/oder Qualifikationsprofil des Studiengangs, möglichst klar umrissen und als Lernziele festgehalten werden. Im Rahmen einer transferorientierten oder direkt integrierten Vermittlung werden den Studierenden die notwendigen theoretischen und handlungspraktischen Grundlagen vermittelt, die sie danach in einem fachlichen Kontext anwenden (vgl. z.B. Kap. 5.5). Die Leistungen im Bereich der überfachlichen Kompetenzen fließen, dem Grundsatz des Constructive Alignment entsprechend, ebenfalls in die Bewertung ein.

Damit die Vermittlung, Begleitung und Bewertung der überfachlichen Kompetenzen auf professionellem Niveau stattfindet, kann sie durch Hinzuziehung entsprechender Expertinnen – Didaktikerinnen des wissenschaftlichen Schreibens (vgl. Kap. 3.2), der Gesprächsführung etc. – innerhalb der Fachlehre erfolgen. Dies macht allerdings zumindest punktuell ein Team-Teaching in den entsprechenden Kursen nötig. Alternativ dazu können die fachlichen Dozierenden durch gezielte Weiterbildungen selbst für diese zusätzliche Aufgabe qualifiziert werden. Die Vermittlung von fachlichen wie überfachlichen Kompetenzen erfolgt dann durch die Fachdozentin. Dies hat den Vorteil, dass die Fachdozentin damit auch zum Rollenmodell für die Studierenden wird: Durch ihre explizite Beteiligung an der Ausbildung von überfachlichen Kompetenzen unterstreicht sie deren Relevanz für Studium und Beruf.

Beispiel: Vermittlung von überfachlichen Kompetenzen in einer Lehrveranstaltung für Studierende der Agrarwissenschaft

Das folgende Beispiel zeigt, wie kommunikative, methodische und fachliche Kompetenzen in einer Lehrveranstaltung des Master-Studiengangs Agrarwissenschaft an der ETH Zürich eingeführt, geübt und angewendet werden. In der Lehrveranstaltung „Dokumentieren – Präsentieren –Diskutieren" erwerben die Studierenden anhand eines aktuellen und kontrovers diskutierten agrarwissenschaftlichen Themas neben verschiedenen Fachkompetenzen überfachliche Kompetenzen zum Schreiben, zum Präsentieren, zur Postergestaltung und zur Diskussionsleitung. Die überfachlichen Kompetenzen werden in der Lehrveranstaltung integriert durch Fach-, Schreib- und Kommunikationsexpertinnen vermittelt, trainiert und in unterschiedlichen Formen und zu unterschiedlichen Zeitpunkten durch Teilleistungsnachweise überprüft und bewertet. Die vermittelten Kompetenzen sind eine wichtige Grundlage für die Masterarbeit, mit der die Studierenden im folgenden Semester beginnen.

Die Lehrveranstaltung ist mit 4 Wochenstunden und 4 ECTS-Punkten veranschlagt. Sie umfasst zwei- bis vierstündige Workshops zu überfachlichen Kompetenzen mit verschiedenen Dozierenden, daneben arbeiten die Studierenden im Selbststudium und erbringen mehrere Leistungsnachweise. Die Studierenden bearbeiten in Dreiergruppen ein agrarwissenschaftliches Thema und erstellen dazu eine politische Empfehlung oder ein Gutachten. Fachlich werden sie von einer Agrarwissenschaftlerin, die als Coach fungiert, begleitet. Diese Begleitung basiert v. a. auf dem Hol-Prinzip. Bei den Leistungsnachweisen sind die Fachdozierenden und die Expertinnen für überfachliche Kompetenzen anwesend und beurteilen die Leistungen fachlich und bezüglich überfachlicher Kompetenzen. Die Gesamtbewertung setzt sich aus einer Einzelbewertung und einer Gruppenbewertung zusammen.

Programm und Ablauf der Lehrveranstaltung

Woche	Thema	Beteiligte Expert/-innen	Zeit
1	Einführung, Gruppenbildung, Themenwahl; erstes Gespräch zwischen Gruppen und Coach	Alle Fachdozierenden und Kommunikationsexpertin	2h
2	Wissenschaftliches Recherchieren	Workshop mit Leiterin der Fachbibliothek	2h
3	Relevante wissenschaftliche Textsorten und ihre Struktur	Workshop mit Schreibexperte	2h
4	Postergestaltung	Workshop mit Fachdozent (Agrarwissenschaftler)	2h
5	Qualitätsmerkmale wissenschaftlicher Texte	Workshop mit Schreibexperte	2h
6 + 7	Präsentationstechnik mit Video-Übung	Workshop mit Kommunikationsexpertin	4h
8	Einzelleistungsnachweise: Posterpräsentationen	Fachdozierende, Kommunikationsexpertin	4h
8	Erfahrungsaustausch zur Qualitätssicherung der Lehrveranstaltung	Fachdozierende, Schreibexperte und Kommunikationsexpertin	2h
9	Einzelleistungsnachweise (Fortsetzung): Posterpräsentationen	Fachdozierende, Kommunikationsexpertin	4h
10	Diskussionsleitung/Moderation	Workshop mit Kommunikationsexpertin	3h
11	Individuelle Feedbackgespräche auf verfasste Texte	Schreibexperte	15min /Pers.
12	Diskussionsleitung/Moderation	Workshop mit Kommunikationsexpertin	3h
13	Gruppenleistungsnachweise: Schlusspräsentation und Diskussionsleitung	Fachdozierende und Kommunikationsexpertin	4h
14	Gruppenleistungsnachweise (Fortsetzung): Schlusspräsentation und Diskussionsleitung; Evaluation und Abschluss der Lehrveranstaltung	Fachdozierende und Kommunikationsexpertin	4h
15	Auswertung Lehrveranstaltung und Notengespräch	Fachdozierende, Schreibexperte und Kommunikationsexpertin	2h

Tab. 2: Ablauf der Lehrveranstaltung Dokumentieren – Präsentieren – Diskutieren im Masterstudiengang Agrarwissenschaft an der ETH Zürich im Herbstsemester 2014 (Dozierende: U. Merz, E. Buff Keller, Ph. Mayer et al.)

Die Förderung überfachlicher Kompetenzen ist im Idealfall durch die Hochschule oder die Studiengangleitung initiiert und konzipiert. Aber auch wenn dies nicht der Fall ist und ein übergeordnetes Konzept fehlt, können einzelne Dozierende diese Kompetenzen fördern. Schon dadurch, dass die Dozierenden die überfachlichen Kompetenzen überhaupt thematisieren, machen sie diese – neben fachlichen Fragen – zu einem relevanten Thema in der Lehre. Als Ausgangspunkt bieten sich fachliche Leistungen an, die von den Studierenden im Rahmen einer Lehrveranstaltung sowieso erbracht werden: Eine Seminardiskussion kann z.B. Anlass für die Auseinandersetzung mit Moderationstechniken sein, eine Hausarbeit Anlass für einen Input zum Projektmanagement. Konsequenterweise sollen die Kompetenzen dann auch in die Bewertung der studentischen Leistungen einfließen.

Überfachliche Kompetenzen können auch bei der Betreuung einzelner (Abschluss-)Arbeiten zum Thema werden. Hier kann eine Betreuerin etwa zu Beginn der Begleitung auf die relevanten Kompetenzen (Zeitplanung, Schreibkompetenz etc.) hinweisen und sich nach einer Selbsteinschätzung des Studenten erkundigen. Gegebenenfalls empfiehlt es sich, gemeinsam unterstützende Maßnahmen – etwa eine detaillierte Zeitplanung, zusätzliche Schulungen zum wissenschaftlichen Schreiben oder zum Projektmanagement oder ein Peerfeedback – ins Auge zu fassen. Im späteren Verlauf der Betreuung können die überfachlichen Kompetenzen dann bei regelmäßigen Standortbestimmungen mit den Studierenden oder auch im Rahmen eines Lernportfolios thematisiert werden.

2.6 Einsatz von Lernportfolios

Ein Lernportfolio stellt eine Auswahl von Arbeiten und Arbeitsergebnissen verschiedenster Form dar, die zusammengestellt, kommentiert und reflektiert werden (Arbeitsstelle für Hochschuldidaktik der Universität Zürich 2006). In der Regel ist ein Lernportfolio sowohl produkt- als auch prozessorientiert: Ein Lernportfolio unterstützt Studierende dabei, ihr eigenes Lernen und ihre eigene Entwicklung zu reflektieren und zu planen. Es schafft ein Bewusstsein für die erzielten (und noch ausstehenden) Fortschritte und trägt auch dazu bei, dass Lernen als ein kontinuierlicher, lebenslanger Prozess wahrgenommen wird (The Quality Assurance Agency for Higher Education 2009). Ein Lernportfolio ist damit ein ideales Instrument, mit dem Studierende ihre Entwicklung z.B. von Schreibkompetenzen oder wissenschaftlichen Arbeitsweisen dokumentieren und reflektieren können (vgl. Bräuer 2014, Seldin 1997).

Mit einem Lernportfolio können Studierende zudem auch gegenüber anderen ausweisen, welche überfachlichen und fachlichen Kompetenzen sie während ihres Studiums in welcher Form und auf welchem Niveau erworben haben. Dozierende, die Studierende bei ihren Arbeiten begleiten, können sich damit rasch einen Überblick verschaffen, welche überfachlichen Kompetenzen für das Ausführen/Erstellen der Arbeit tatsächlich vorhanden sind und wo ggf. Zusatzqualifikationen nötig sind.

Der erfolgreiche Einsatz von Lernportfolios setzt voraus, dass regelmäßig Gespräche zwischen den Lernenden und den Lehrenden stattfinden. Lernportfolios können sowohl in Papierform als auch in elektronischer Form geführt werden: Die meisten E-Learning-Plattformen verfügen standardmäßig über entsprechende Tools.

Lernportfolios können zudem über das Studium hinaus ein wertvolles Instrument für die Planung der eigenen Laufbahn und für Bewerbungen ins Berufsleben sein, da sie in der Regel ein vollständigeres und konkreteres Bild der erbrachten Studienleistungen abgeben als Abschlusszeugnisse.

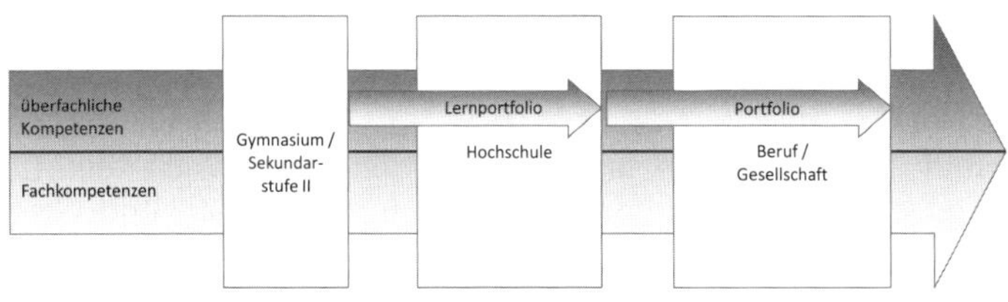

Abb. 6: Dokumentation der überfachlichen Kompetenzen im Lernportfolio

3 Wissenschaftliches Schreiben

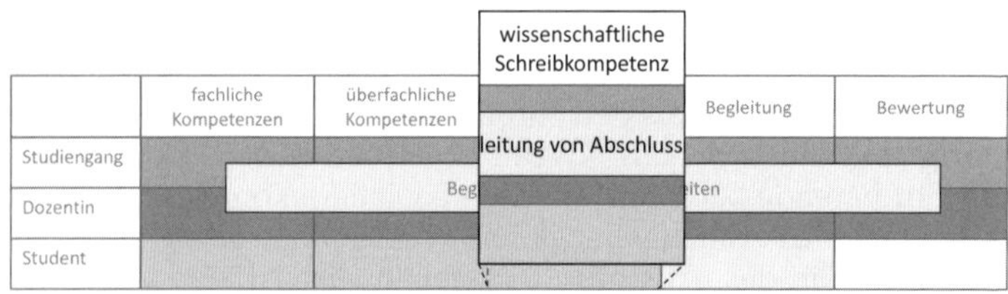

Abb. 7: Wissenschaftliche Schreibkompetenz im Framework für die Begleitung von Abschlussarbeiten

Zu den überfachlichen Kompetenzen, die beim Verfassen von Abschlussarbeiten notwendig sind, zählt auch die wissenschaftliche Schreibkompetenz. Sie nimmt insofern eine gesonderte Stellung ein, als sie direkter an schriftliche Arbeiten gebunden ist als etwa das Projekt- oder Zeitmanagement, das Studierende auch in anderen Kontexten einüben und anwenden können.

Der Umgang mit Texten unterscheidet sich dabei in den verschiedenen wissenschaftlichen Disziplinen stark. Die einzelnen Fachgebiete und Fächer kennen unterschiedliche Konventionen zur Struktur und zur stilistischen Ausgestaltung von wissenschaftlichen Texten. Zudem haben sich je nach Sprachraum andere Schreib- und Texttraditionen herausgebildet: So unterscheiden sich z.B. insbesondere in den Sozial- und Geisteswissenschaften auch innerhalb einer Disziplin deutsche Publikationen markant von englischen Texten (vgl. Hyland 2000).

Wesentlich ist auch die Frage, inwiefern sich die wissenschaftlichen Inhalte und ihre sprachliche Darstellung überhaupt trennen lassen. Wenn, wie etwa in gewissen naturwissenschaftlichen Fachgebieten, Forschungsresultate im Labor erarbeitet werden und die schriftliche Arbeit im Wesentlichen die Funktion des Dokumentierens hat, ist der Fachinhalt viel weniger eng mit dem Schreiben verschränkt als in geisteswissenschaftlichen Disziplinen, in denen auch die Untersuchungsgegenstände sprachlicher Natur sind oder in denen neue Erkenntnisse genuin abstrakt und damit an Sprache gebunden sind. Die Formen, in denen wissenschaftliche Schreibkompetenz im Studium vermittelt und erworben wird, und die Gewichtung der Sprache bei der Begleitung von Abschlussarbeiten muss sich also immer auch an der Stellung der Sprache im Fach orientieren (vgl. Ortner 2000: 12-15).

Unabhängig davon unterscheiden sich wissenschaftliche Texte zumindest im deutschsprachigen Raum stark von Texten aus anderen Zusammenhängen. Deshalb stellt das Verfassen von wissenschaftlichen Texten selbst für Studierende, die an sich über eine hohe Textkompetenz verfügen und gern schreiben, eine Herausforderung dar. Das wissenschaftliche Schreiben sollte daher – genauso wie andere überfachliche Kompetenzen (vgl. Kap. 2) – im Studium systematisch vermittelt und geübt werden und verdient bei der Begleitung von Abschlussarbeiten besondere Aufmerksamkeit. Im Folgenden wird Schreiben als individuell unterschiedlich ablaufender Prozess charakterisiert (Kap. 3.1), bevor das wissenschaftliche Schreiben als Teil des Studiums (Kap. 3.2) und als Teil der Begleitung von Abschlussarbeiten (Kap. 3.3) thematisiert wird.

3.1 Schreibtypen und Schreibprozess

Es gibt nicht den einen richtigen Weg, um umfangreiche wissenschaftliche Texte zu verfassen. Wie ein wissenschaftlicher Text idealerweise entsteht, hängt von der Disziplin und von der Fragestellung, aber auch von der persönlichen Vorgehens- und Denkweise des Verfassers ab. In bestimmten Naturwissenschaften ist es durchaus üblich, dass ein Student zuerst während mehrerer Monate Berechnungen und Messungen durchführt und danach die Ergebnisse innerhalb von wenigen Wochen niederschreibt. In geisteswissenschaftlichen Gebieten wie der Literaturwissenschaft ist ein solches Vorgehen hingegen kaum denkbar: Die Auseinandersetzung mit dem „Forschungsgegenstand“ ist hier sprachlich geprägt und fassbares neues Wissen entsteht dadurch, dass es versprachlicht, d.h. aufgeschrieben wird. Die Verschriftlichung ist dabei wesentlicher Teil des Forschungsprozesses und setzt typischerweise schon früh ein.

Strukturfolger und Strukturschaffer

Wie Texte entstehen, hängt zudem vom individuellen Stil ab. Dabei lassen sich grob zwei Typen unterscheiden, welche die Pole einer Skala mit zahlreichen Zwischen- und Mischtypen bilden. Strukturfolgende Schreiberinnen erstellen zunächst einen Plan bzw. eine Gliederung, an der sie sich beim Schreiben orientieren. Sie arbeiten ihren Plan danach im eigentlichen Sinne ab und können ihre Arbeit so mit hoher Wahrscheinlichkeit und ohne größere Risiken abschließen, vertiefen sich aber weniger stark in die Materie, da sie das Schreiben weniger stark als Mittel der Reflexion einsetzen. Strukturschaffende Schreiberinnen lassen hingegen auch die Makrostrukturen ihres Textes beim Schreiben entstehen, verändern die Gliederung und arbeiten an mehreren Stellen im Text gleichzeitig. Sie setzen sich dabei intensiv mit dem Thema auseinander, stellen neue Fragen, finden neue Antworten und können vorläufige Antworten auch wieder aufgeben, laufen aber Gefahr, den Gesamttext und auch den vorgegebenen Zeitplan aus den Augen zu verlieren (Ulmi, Bürki, Verhein & Marti 2014: 249-251; Grieshammer, Liebetanz, Peters & Zegenhagen 2013: 29-43, Kruse 2007: 41-45).

Phasen des Schreibprozesses

Der eigentliche Schreibprozess lässt sich dabei prototypisch in mehrere Phasen gliedern, die je nach Schreibtyp unterschiedlich ausgeprägt sind. Als solche Phasen gelten

- die Klärung des Themas und der Hauptaussagen
- die Strukturierung, d.h. das Festlegen einer Reihenfolge, in der die Aussagen erfolgen sollen
- das Vertexten, d.h. das eigentliche Verfassen von einzelnen Textteilen
- das kritische Prüfen, d.h. die Bewertung dessen, was schon geschrieben wurde

- das Redigieren, d.h. das inhaltliche und sprachlich-stilistische Überarbeiten von bestehenden Textteilen
- das Korrigieren, d.h. das Überprüfen des Textes in Hinblick auf Rechtschreibung, Zeichensetzung und formale Anforderungen an Layout, Grafiken, Tabellen, Literaturangaben etc. (vgl. z.B. Grieshammer, Liebetanz, Peters & Zegenhagen 2013: 20-21 und 57-59; Kruse 2007: 38-41).

Die Phasen werden dabei i.d.R. mehrmals durchlaufen. Das Redigieren bestehender Textteile kann dazu führen, dass die Struktur und ggf. sogar die Hauptaussagen nochmals überdacht werden müssen, was sich wiederum auf den weiteren Text auswirkt.

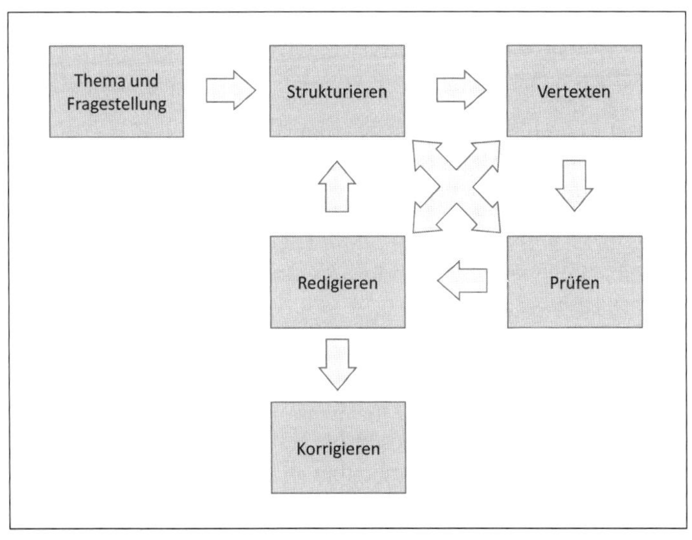

Abb. 8: Phasen des Schreibprozesses

Dabei gibt es kein allgemeines, ideales Vorgehen – je nach Schreibtyp, Schreiberfahrung, Thema und Disziplin wird der Schreibprozess anders ausfallen. Es lassen sich aber einige Grundsätze formulieren, die beim Verfassen von Texten als Leitlinien dienen können:

- Das Verfassen von Texten fällt i.d.R. leichter, wenn ein Schreiber eine klare Vorstellung davon hat, was er beim Schreiben gerade macht (ob er also gerade vertextet, kritisch hinterfragt, überarbeitet etc.), und wenn er Teilprozesse des Schreibens klar voneinander trennt – wenn er sich also in einem begrenzten Arbeitsschritt bewusst (nur) dem Strukturieren, dem Vertexten, dem Prüfen etc. widmet (vgl. Kruse 2007: 38-41). Zumindest für ungeübte Schreiber kann eine didaktisch initiierte Trennung der Phasen hilfreich sein. Sie erlernen so einen bewussten Umgang mit unterschiedlichen Phasen und entwickeln ein Konzept der eigenen Schreibstrategie.
- Beim Schreiben entstehen zunächst Rohfassungen, die erst nach mehrmaliger Überarbeitung zu einem fertigen und qualitativ hochwertigen Text reifen. Zeitliche Distanz zwischen dem Verfassen und dem Redigieren einzelner Textteile, Feedback von kritischen Leserinnen und Lesern sowie eine bewusste Strukturierung und Reflexion des eigenen Schreibprozesses tragen in der Regel dazu bei, dass diese Überarbeitung erfolgreich verläuft.
- Das eigentliche Korrigieren, d.h. das Überprüfen des (fertigen) Textes in Hinblick auf formale Aspekte (Rechtschreibung, Interpunktion, Zitierweise etc.), erfolgt idealerweise am Schluss in einem gesonderten Lektüregang, bei dem am Text inhaltlich und sprachlich-stilistisch nichts mehr geändert wird. Dadurch kann sich die Schreiberin auf diese Aspekte konzentrieren und vermeidet die Gefahr, dass durch letzte, oft hektische inhaltliche oder stilistische Änderungen neue Fehler in den Text gelangen.

Anwendung

- Überlegen Sie sich bei der Betreuung von umfangreichen schriftlichen Arbeiten, welchem Schreibtyp Sie den Studenten, den Sie betreuen, zuordnen würden. Dabei hilft ein direktes Nachfragen: Erkundigen Sie sich nach den bisherigen Erfahrungen des Studenten und bitten Sie ihn um eine Selbsteinschätzung. Ihre Beobachtungen zu Beginn der Betreuung geben Hinweise darauf, wie der Student mit Texten umgeht. Passen Sie danach Ihre Betreuung an seine Vorgehensweise an, indem sie (auch) ein Gegengewicht bilden: Bei ausgeprägten Strukturfolgern sollten Sie durch Fragen und Kommentare auf eine inhaltliche Vertiefung hinwirken. Bei Strukturschaffern werden sie weniger auf inhaltliche Fragen achten müssen, dafür stärker auf einen kontinuierlichen Fortschritt der (greifbaren) Arbeit und auf etwaige Fristen.
- Thematisieren Sie die einzelnen Phasen des Schreibprozesses in Lehrveranstaltungen, in Einführungsveranstaltungen zur Bachelor- oder Masterarbeit oder in der individuellen Beratung. Erkundigen Sie sich, welche Phasen dem Studenten, den Sie betreuen, besonders liegen und welche ihm Schwierigkeiten bereiten. Besprechen Sie, wie er den Schreibprozess ideal gestalten kann – beispielsweise mit einem klaren Tagesablauf für die einzelnen Phasen oder durch ein Peer-Feedback, bei dem das „Prüfen“ z. T. an einen Mitstudenten übergeben wird.

3.2 Vermittlung im Studium

Schreiben als Ausdruck des wissenschaftlichen Handelns

Wissenschaftliche Texte sind normalerweise Ausdruck von wissenschaftlichen (physisch-konkreten oder kognitiv-abstrakten) Handlungen. Studierende eignen sich den Umgang mit wissenschaftlichen Texten daher i.d.R. dann besonders rasch an, wenn sie die Texte bzw. das Texten als natürlichen Ausdruck eines wissenschaftlichen Handelns und Denkens erkennen. Die Vermittlung von wissenschaftlichen Schreibkompetenzen setzt also bei den gedanklichen Grundstrukturen einer Disziplin an - und fragt dann danach, wie sich diese Strukturen sprachlich und textlich abbilden lassen. Als grundlegende Operationen erscheinen dabei – je nach Disziplin mit unterschiedlicher Gewichtung – das Formulieren einer relevanten Fragestellung oder einer Hypothese, das Entwickeln von schlüssigen Argumentationsketten, das Verweisen auf bestehendes Wissen, das Vergleichen von unterschiedlichen Meinungen und Positionen etc. Wenn Studierende diese wissenschaftlichen Techniken verstehen, finden sie mit entsprechenden Hilfestellungen i.d.R. früher oder später auch zu adäquaten sprachlichen Ausdrucksformen (Kruse 2010: 58-61; Ruhmann 2003: 211-213; Steinhoff 2007: 24-39 und 56-60).

Integrierte Vermittlung

Wissenschaftliche Schreibkompetenzen lassen sich daher – wie andere überfachliche Kompetenzen auch (vgl. Kap. 2.3) – am besten in Verbindung mit fachlichen Inhalten und integriert in eine reguläre fachliche Lehrveranstaltung vermitteln. Das stellt sicher, dass Studierende das wissenschaftliche Schreiben als relevanten Teil eines wissenschaftlichen Tätig-Seins erleben. Zugleich bieten reguläre Lehrveranstaltungen reale Übungsmöglichkeiten für das wissenschaftliche Schreiben (Ruhmann 2003, Girgensohn & Sennewald 2012: 96f.). Werden wissenschaftliche Textkompetenzen losgelöst von eigentlichen Inhalten thematisiert, fällt Studierenden nicht nur der Transfer auf ihre eigene Arbeit schwerer, sondern es besteht auch die Gefahr, dass sie das wissenschaftliche Schreiben als selbstzweckhafte Angelegenheit auffassen, die wenig mit ihnen und ihrem Studium zu tun hat.

Anwendung

Eine Entwicklung von wissenschaftlichen Schreibfertigkeiten lässt sich in Lehrveranstaltungen oft schon dadurch positiv beeinflussen, dass das Schreiben überhaupt thematisiert und dadurch als Teil des Lehr- und Lernprozesses ins Bewusstsein der Studierenden gerückt wird. Schreiben Studierende begleitend zu einer Lehrveranstaltung eine Seminar- oder Hausarbeit, lassen sich dazu z.B. die folgenden Konzepte nutzen:

- Stellen Sie den Studierenden im Unterricht Zeit zur Verfügung, um Thema und Fragestellung zu präzisieren (vgl. Ulmi, Bürki, Verhein & Marti 2014: 56-64). Die Studierenden beraten sich dabei untereinander und werden auch von Ihnen unterstützt. Die Sitzung zielt darauf ab, dass die Studierenden am Schluss eine mustergültig formulierte Fragestellung in Händen halten. Durch die Diskussionen erhalten die Studierenden nicht nur Hinweise zu ihrem Thema, sondern erleben auch eine diskursive Entwicklung von einem zunächst vagen, mündlich ausgehandelten Thema zu einer präzise formulierten Fragestellung.

- Fordern Sie als Vorbereitung für die Arbeit ein Exposé ein, das die Studierenden ausgedruckt in die Lehrveranstaltung mitbringen. Die Studierenden geben sich dann gegenseitig aufgrund von vorgegebenen Kriterien Feedback zu den Exposés. Sie stellen dadurch zentrale Ideen ihrer Arbeit zur Diskussion und können die Anregungen, die sie erhalten, in die Arbeit einfließen lassen (vgl. Ulmi, Bürki, Verhein & Marti 2014: 7).
- Stellen Sie den Studierenden zentrale Überlegungen zum wissenschaftlichen Arbeiten und Schreiben in kurzen Inputs vor. Solche Kurzvorträge können sich z.B. auf das Exzerpieren von Fachliteratur, auf Fragen der Quellenkritik, auf Zitierkonventionen, auf die typische Struktur von wissenschaftlichen Arbeiten oder auf einzelne Textteile – Abstract, Methodenkapitel etc. – beziehen. Die Studierenden können diese Inhalte direkt auf die eigenen Arbeiten anwenden.
- Bringen Sie Studierenden Ansichtsexemplare von gängigen (fachspezifischen oder allgemeinen) propädeutischen Einführungen mit (z.B. Kruse 2010) und wählen Sie einzelne Kapitel daraus aus, die Sie als begleitende Lektüre lesen lassen und mit denen Sie anschließend im Unterricht arbeiten.
- Lassen Sie sich während des Semesters Entwürfe der entstehenden Arbeiten zusenden, die Sie exemplarisch in der Lehrveranstaltung besprechen. Blenden Sie dazu kurze Textausschnitte ein, die inhaltlich besonders interessant oder sprachlich treffend sind, und begründen Sie, weshalb Ihnen die Textstellen positiv auffielen. Besprechen Sie – jeweils mit dem Einverständnis der Autoren und in größeren Gruppen anonymisiert – auch Textstellen, in denen typische Fehlleistungen oder Missverständnisse erkennbar sind. Achten Sie darauf, dass Ihre Kritik stets wohlwollend und konstruktiv ausfällt.
  Durch solche exemplarischen Rückmeldungen profitiert nicht nur der Verfasser des Textes von Ihrer Rückmeldung, sondern die ganze Gruppe. Zudem entwickeln die Studierenden ein Empfinden für unterschiedliche Textqualitäten und können ihre eigenen Kompetenzen mit den Fähigkeiten ihrer Mitstudierenden vergleichen.

- Initiieren Sie kleine Lesezirkel, in denen sich die Studierenden (außerhalb der Lehrveranstaltungen) treffen, um ihre Texte gegenseitig durchzulesen und zu kommentieren. Solche Treffen ermöglichen nicht nur ein Feedback zu den vorliegenden Entwürfen, sondern geben auch eine zeitliche Struktur für das Verfassen der Texte – oder Textteile – vor. Die Mitstudierenden stellen zudem eine echte Leserschaft für die Entwürfe und (fast) fertigen Arbeiten dar, was sich i.d.R. positiv auf die Schreibmotivation auswirkt. Außerdem gewöhnen sich die Studierenden daran, ihre Texte einem wohlwollend-kritischen Publikum auszusetzen und sich im Gegenzug mit den Texten anderer auseinanderzusetzen. Damit die Lesezirkel eine nachhaltige Wirkung erreichen, können zumindest in den unteren Semestern gewisse Hilfestellungen und Vorgaben hilfreich sein. Dazu kann eine Liste mit Qualitätsmerkmalen als Grundlage für die Besprechung der Texte genauso zählen wie allgemeine Feedback-Regeln. Erkundigen Sie sich zudem in der Lehrveranstaltung ab und zu danach, ob die Zusammenarbeit in den Lesezirkeln funktioniert. Im Idealfall können Sie die Leitung der Lesezirkel auch einer Tutorin, z.B. einer Studentin aus einem höheren Semester, übertragen.

Aneignung von wissenschaftlichen Textkonventionen

Für wissenschaftliche Texte gelten - wie für andere Textsorten auch - gewisse Konventionen. Diese beziehen sich auf ganz unterschiedliche Ebenen: Dazu zählen Gepflogenheiten zur Textstruktur - je nach Disziplin stehen die resümierenden Teile einer Arbeit als Abstract zu Beginn oder als Zusammenfassung am Schluss - genauso wie Konventionen zu einzelnen Formulierungen: Dass beispielsweise die eigene Meinung in wissenschaftlichen Texten durch die Abkürzung „m. E." und nicht durch die (inhaltlich identische) verbale Fügung „Ich finde, dass..." ausgedrückt wird, ist primär eine konventionelle Setzung (Steinhoff 2007; Jakobs 2003: 174-179).

Beim Erwerb wissenschaftlicher Schreibkompetenzen eignen sich Studierende allmählich diese Konventionen an (vgl. Sitta 2010; Kruse 2010: 95-122). Dabei werden unterschiedliche Entwicklungen erkennbar, die zuweilen auch ohne gezielte Maßnahmen geschehen - Studierende adaptieren dann allmählich die Textstrukturen und Formulierungsmuster, denen sie bei der Lektüre von wissenschaftlichen Texten rezeptiv begegnen, oder sie lernen aus den punktuellen Korrekturen, die sie als Feedback zu schriftlichen Arbeiten erhalten.

Eine solche Aneignung hat allerdings den Nachteil, dass sie weitgehend zufällig abläuft: Es hängt stark von den besuchten Veranstaltungen und auch von der individuellen sprachlichen Begabung der Studierenden ab, wann und in welchem Ausmaß die textlichen und sprachlichen Konventionen übernommen werden. Zudem lernen Studierende aufgrund von Korrekturen primär, wie man wissenschaftliche Arbeiten *nicht* schreibt – und müssen dann ex negativo daraus herleiten, wie wissenschaftliche Texte formuliert sein sollten. Ein solches Vorgehen ist, wenn es seitens der Hochschule die einzige Maßnahme zur Vermittlung des wissenschaftlichen Schreibens bleibt, weder effizient noch motivierend.

Analyse von publizierten Texten

Als zielführende Alternative zu einem solchen *Learning by trial and error* lassen sich Konventionen von wissenschaftlichen Texten gezielt in Lehrveranstaltungen vermitteln. Zu solchen Konventionen zählen auf einer mikrostrukturellen Ebene einzelne Formulierungen und auf einer mittleren Ebene der Aufbau einzelner Kapitel oder Sinneinheiten, aber auch die Frage, wie viel Wissen vorausgesetzt wird, wie bestehendes Wissen in den Text einfließt und wie ein wissenschaftlicher Gedankengang sprachlich entfaltet wird. Im makrostrukturellen Bereich ist insbesondere die Gliederung von ganzen Publikationen konventionell geregelt.

Auch in Bezug auf die Konventionen wissenschaftlicher Texte ist eine Integration in den regulären, fachlich orientierten Unterricht sinnvoll, da die Studierenden dadurch die Konventionen als integralen Teil der disziplinären Denk- und Kommunikationsmuster wahrnehmen (vgl. Ruhmann 2003). Zudem kann die Auseinandersetzung mit sprachlichen Konventionen meist anhand von Texten oder Aufgaben erfolgen, die im Rahmen der fachlichen Lehre sowieso bearbeitet werden. Dadurch können die Konventionen ohne einen übermäßigen Mehraufwand besprochen werden.

Die Aneignung von wissenschaftlichen Textkonventionen setzt dabei bei der Analyse von bestehenden vorbildlichen Texten an. In der Regel eigenen sich dazu typische Publikationen –

z.B. Artikel in renommierten Fachzeitschriften – von etablierten Autorinnen. Die Studierenden können sich z.B. in einem separaten Lektüredurchgang auf bestimmte sprachliche oder strukturelle Merkmale konzentrieren, die ihnen zuvor als Aufgabenstellung mitgeteilt wurden. Im Plenum können die Erkenntnisse aus dieser Übung anschließend besprochen und konsolidiert werden.

Anwendung

Nutzen Sie eine einzelne Sitzung Ihrer Lehrveranstaltung, um die sprachlichen und formalen Konventionen Ihrer Disziplin anhand eines vorbildlichen Textes zu besprechen. Die Studierenden lesen als Vorbereitung einen Text, der inhaltlich bereits besprochen wurde, nochmals im Hinblick auf einige der folgenden Fragen:

- Welche Struktur weist die Arbeit insgesamt auf? Lassen sich begründbare Annahmen dazu treffen, in welcher Reihenfolge die Autorin die Textteile effektiv geschrieben hat?
- Wo und wie werden Begriffe definiert? Welche Begriffe und welches Vorwissen werden stillschweigend als bekannt vorausgesetzt?
- Wo und wie bindet die Autorin Aussagen von anderen wörtlich (durch wörtliche Zitate) ein?
- Wo und wie bindet die Autorin Aussagen von anderen sinngemäß ein und wie bringt sie dies zum Ausdruck? Welche redeeinleitenden Wendungen verwendet sie dabei („Die Untersuchung beweist ...“ vs. „Die Forscher behaupten ...“)?
- Wo und wie bringt die Autorin ihre eigenen Ansichten zum Ausdruck? Welche sprachlichen Mittel nutzt sie, um ihre (positive oder negative) Einschätzung zu den Positionen anderer deutlich zu machen?
- Wo und wie nimmt die Autorin eine explizite Leserführung vor, indem sie metakommunikativ ankündigt, worauf der Text im Folgenden eingeht, oder indem sie auf das bereits Gesagte zurückblickt?
- Verwendet die Autorin die Pronomen „ich“, „wir“ oder „man“? Wo verwendet die Autorin Passivsätze, obschon auch eine aktive Formulierung möglich wäre?
- Welches Tempus dominiert im Text? Wo werden andere Zeitformen verwendet?
- Wie wird im Text auf Abbildungen, Tabellen etc. verwiesen? Welche Informationen, die in Abbildungen und Tabellen enthalten sind, werden im Text nochmals explizit erwähnt?
- etc.

Je nach Fachgebiet, Text und Studienstufe können sich diese oder andere Fragen für eine genaue Analyse anbieten. Es empfiehlt sich, die Analyse auf drei bis vier Aspekte zu beschränken. Bei größeren Gruppen können auch Teilgruppen gebildet werden, die jeweils unterschiedliche Frageblöcke bearbeiten.

In der Lehrveranstaltung selbst erhalten die Studierenden die Gelegenheit, die Resultate ihrer Analysen in kleinen Gruppen zu besprechen und zu konsolidieren. Als Resultat ihrer Arbeit können sie beispielsweise ein Merkblatt erstellen, das sie später beim Verfassen eigener Arbeiten als Orientierung heranziehen können. Falls in einer großen Gruppe unterschiedliche Aspekte betrachtet wurden, können die Resultate der Teilgruppen auch auf Flipchart festgehalten und dann im Plenum vorgestellt werden.

Zitieren und Plagiieren

Zitieren gilt in der Öffentlichkeit als Inbegriff wissenschaftlichen Schreibens, was zuweilen bei Studierenden zur (falschen) Annahme führt, dass wissenschaftliches Schreiben und Denken primär dadurch konstituiert wird, dass man (irgendetwas) zitiert. Werden Zitierkonventionen als rein sprachlich-technische Vorgaben verfrüht und ohne inhaltliche Einbettung im Studium eingeführt, kann sich dieser Eindruck festigen. Studierende sollen daher wörtliches oder paraphrasierendes Zitieren als geeignetes Mittel kennenlernen, um im eigenen Text eine Auseinandersetzung mit anderen Autorinnen bzw. Texten stattfinden zu lassen (Kruse 2007: 68-74). Dazu gehört auch die Reflexion der zentralen Funktionen, die das Zitieren einnimmt: Es geht u.a. darum, geistiges Eigentum von anderen als solches auszuweisen und den Lesern den Weg zu einer vertiefenden Lektüre aufzuzeigen. Es geht aber auch darum, das eigene Wissen darzustellen, sich innerhalb einer Disziplin durch die Wiedergabe bestimmter Standpunkte zu positionieren und sich durch den Verweis auf ausgewiesene Expertinnen abzusichern (vgl. z.B. Kruse 2007: 80f.). Erkennen Studierende diese Funktionen, fällt ihnen die formale Umsetzung des Zitierens i.d.R. leichter als bei einer rein formal orientierten Einführung der Zitierkonventionen (vgl. z.B. Kruse 2010: 112-119).

Ähnliche Überlegungen gelten für Plagiate. Damit Studierende Plagiate vermeiden können, müssen sie ein klares Bild davon haben, wo die Grenze zwischen einer eigenständigen Wiedergabe von allgemein bekanntem Wissen und der unerlaubten Übernahme fremder Ideen ist (vgl. Ulmi, Bürki, Verhein & Marti 2014: 214-216). Der Hinweis alleine, dass Plagiate unzulässig sind, nützt daher wenig. Er sollte immer mit der Frage einhergehen, wann und weshalb fremdes Wissen als solches ausgewiesen werden muss.

3.3 Begleitung von Abschlussarbeiten

Planung

Wie das Schreiben in eine wissenschaftliche Abschlussarbeit einfließt, hängt zwar von der Disziplin ab, doch gibt es kaum Disziplinen, in denen ihm nicht zumindest gegen Ende der Arbeit eine wichtige Rolle zukommt. Entsprechend sollte das Schreiben auch bei der Planung der Arbeit berücksichtigt werden. Die Betreuerin sollte das Schreiben bei ihrem ersten Gespräch mit einem betreuten Studenten thematisieren und ihn nach seinen Erfahrungen beim Verfassen langer Texte und nach einer Selbsteinschätzung zu seiner Schreibkompetenz fragen (vgl. Kap. 3.1 und 5.2). Zudem sollte die Betreuerin wissen, in welcher Form wissenschaftliche Schreibkompetenzen im Studium bereits thematisiert wurden. Entsprechend kann sie bei der Betreuung mehr oder weniger einschlägige Vorkenntnisse erwarten. Wenn die Betreuerin und der Student einen Ablaufplan für die Arbeit bzw. für die Betreuung festlegen, sollen sie auch festhalten, wann der Student erste Teile der Arbeit und/oder die Rohfassung der ganzen Arbeit seiner Betreuerin zur Durchsicht abgibt und in welcher Form er darauf eine Rückmeldung erhält. Solche Abgaben können als Meilensteine im Ablaufplan festgehalten werden (vgl. Kap. 5.2).

Exemplarische Rückmeldungen

In allen Disziplinen ist es ratsam, einen Studenten bei einer Betreuung schon früh – spätestens etwa zur Hälfte der Betreuungszeit – um erste Texte oder um Kapitel zu bitten, die bereits vollständig ausformuliert sind. Auch ein Exposé, in dem der Student die Problem- oder Fragestellung nennt, die bereits gesichtete Fachliteratur zusammenfasst und das methodische Vorgehen beschreibt, ist eine gute Möglichkeit, eine erste Textprobe einzufordern (vgl. Kap. 5.2). Anhand eines solchen Textes kann sich die Betreuerin ein Bild davon machen, ob das Schreiben im weiteren Verlauf der Arbeit zu einem Problem werden könnte, und kann in diesem Fall mit dem Studenten entsprechende Maßnahmen besprechen (vgl. z.B. Mayer 2010). Auch bei vergleichsweise guten Schreibern kann die Betreuerin aufgrund der ersten Texte Hinweise und Hilfestellungen dazu formulieren, wie sich die Texte des Studenten noch verbessern ließen.

In jedem Fall ist eine professionelle Gesprächsführung bei Gesprächen mit Studierenden wichtig, wobei die Betreuerin nicht nur eigene Einschätzungen zum Ausdruck bringen, sondern das Gespräch auch durch Fragen, Paraphrasen oder Hypothesen steuern kann. Eine Betreuerin kann ein Gespräch z.B. mit der Frage eröffnen, welches Anliegen des Studenten am Ende des Gesprächs geklärt sein soll, oder sie kann eine Vermutung dazu äußern, wo der Student bei der bisherigen Arbeit besonderen Spaß oder besondere Schwierigkeiten hatte (vgl. Grieshammer, Liebetanz, Peters & Zegenhagen 2013: 153-160; Thomann/Pawelleck 2014: 96-108).

Insbesondere in sprachzentrierten Disziplinen ist es empfehlenswert, im weiteren Verlauf der Arbeit noch mindestens eine weitere Textprobe durchzusehen und mit dem Studenten zu besprechen. Der Student kann dazu zum vereinbarten Zeitpunkt seinen aktuellen Entwurf einreichen, sodass sich die Betreuerin einerseits ein Bild vom Stand der ganzen Arbeit machen und andererseits wichtige Kapitel – z.B. die Fragestellung – detailliert lesen kann. Zudem kann sie einzelne zufällig oder nach Rücksprache mit dem Studenten ausgewählte Textteile ebenfalls lesen und überprüfen.

Bei einer Besprechung kann die Betreuerin dem Studenten dann nicht nur Rückmeldungen zur Makrostruktur der Arbeit oder zu Schlüsselstellen geben, sondern exemplarisch auch die ausgewählten Textteile besprechen oder typische Schwierigkeiten und Lösungsstrategien dazu benennen (vgl. Ulmi, Bürki, Verhein & Marti 2014: 253-258). Ein solches Vorgehen macht es möglich, dass einzelne Textstellen sehr genau diskutiert werden

– der Lerneffekt für den Studenten kann dabei höher sein als bei einem summarischen Urteil über Inhalte und Textqualität zum gesamten vorliegenden Entwurf. Außerdem stellt der Transfer der Anmerkungen der Dozentin auf die übrige Arbeit eine Eigenleistung des Studenten dar, die bei einer vollständigen Durchsicht des Entwurfs weniger ausgeprägt wäre.

Ebenen der Rückmeldung

Die Qualität wissenschaftlicher Texte ist ein vielfältiges Phänomen, und entsprechend können sich die Rückmeldungen auf Texte bzw. Entwürfe auf verschiedene Dimensionen beziehen. Ulmi, Bürki, Verhein & Marti (2014: 47-50) nennen Inhalt, thematische Entwicklung, Informationsdichte, Leseführung, Sprache und die textsortenspezifischen Anforderungen an wissenschaftliche Texte innerhalb einer Disziplin als Kriterien, an denen sich die Überprüfung eines Textes und das anschließende Feedback an den Autor orientieren können. Dabei erscheint es sinnvoll, beim Feedback Schwerpunkte zu setzen und sich auf jene Aspekte des Textes zu konzentrieren, bei denen die Betreuerin den größten Handlungsbedarf sieht. Die grundlegenden Fragen nach Inhalt und thematischer Entwicklung haben dabei gegenüber den Phänomenen der sprachlichen „Oberfläche" – Wortwahl, Satzbau, Rechtschreibung, Zitationen – Priorität. Dies leuchtet insofern ein, als es nicht zweckmäßig erscheint, Satzbau und Wortwahl detailliert zu kommentieren, wenn ein Kapitel viel grundsätzlicher umgeschrieben werden müsste. Da bei der Lektüre aber oft oberflächennahe, sprachliche Phänomene auffälliger sind als grundlegende Inkohärenzen, muss man sich ein solches Vorgehen bewusst vornehmen. Zudem sollte sich eine Betreuerin bei ihren Rückmeldungen nicht ausschließlich auf die Ebene mit dem größten Handlungsbedarf beziehen, sondern auch zu den anderen Ebenen eine kurze Einschätzung vornehmen. Dabei soll auch explizit benannt werden, wo die Arbeit hohe Qualitäten aufweist.

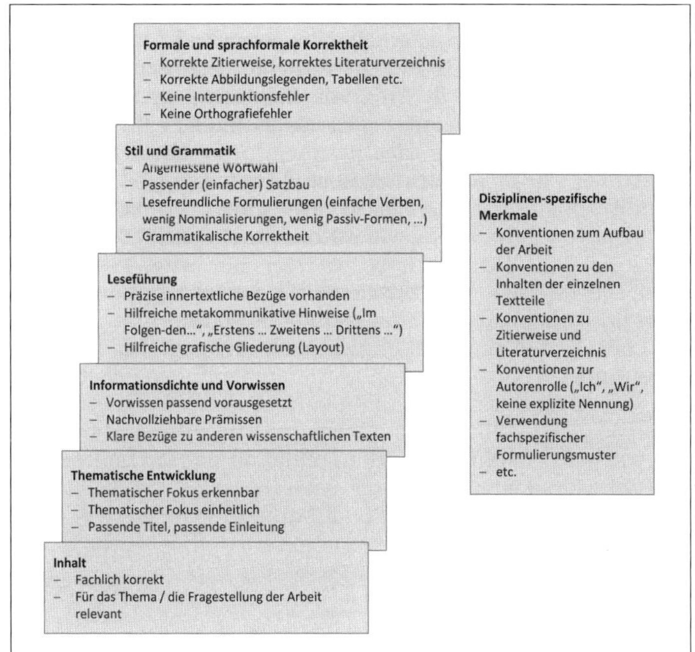

Abb. 9: Dimensionen der Textqualität (erweitert und angepasst nach dem „Bietschhornmodell" von Ulmi, Bürki, Verhein & Marti 2014: 48)

Peer-Feedback

Neben dem Feedback durch die Betreuerin sind auch Rückmeldungen von anderen Personen für den Verfasser einer Arbeit wertvoll – insbesondere dann, wenn das Feedback gut gerahmt und sorgfältig durchgeführt wird. Dabei bietet sich insbesondere ein Peer-Feedback durch Mitstudierende an, die ebenfalls eine Abschlussarbeit erstellen.

Damit ein Peer-Feedback erfolgreich ist, brauchen die Studierenden aber eine klare Vorstellung vom Vorgehen und von den Kriterien, die sie in ihren Texten gegenseitig überprüfen sollen. Das Feedback gewinnt an Bedeutung und damit auch an Wirkung, wenn es bis zu einem gewissen Grad formalisiert ist. Als Betreuerin oder als Verantwortliche für Abschlussarbeiten kann man daher zur Bildung von Feedbackgruppen aufrufen und den Studierenden entsprechende Unterlagen und Hilfsmittel - z.B. ein Kriterienraster für die Durchsicht der Arbeiten oder einen Vorschlag für den Ablauf der Gespräche - zur Verfügung stellen (Schnetzer 2006). Wenn das Peer-Feedback im Rahmen von Einführungsveranstaltungen zusätzlich thematisiert und ggf. auch exemplarisch eingeübt wird, werden die Feedbackgespräche der Studierenden sowohl symbolisch als auch inhaltlich-qualitativ zusätzlich gestärkt. Eine ähnliche Funktion wie Peer-Feedback-Gespräche können auf Bachelorstufe Tutorien haben, die von Masterstudentinnen geleitet werden. Die erfahrenen Studentinnen haben dabei den Bachelorstudenten gegenüber zwar einen fachlichen Vorsprung, sind aber dennoch in einer ähnlichen Situation wie sie und können ihre Schwierigkeiten daher ggf. noch besser nachvollziehen als die offiziellen Betreuerinnen (vgl. Furchner, Ruhmann & Tente 2003: 70).

4 Wirk- und Kontextfaktoren für die Begleitung von wissenschaftlichen Arbeiten

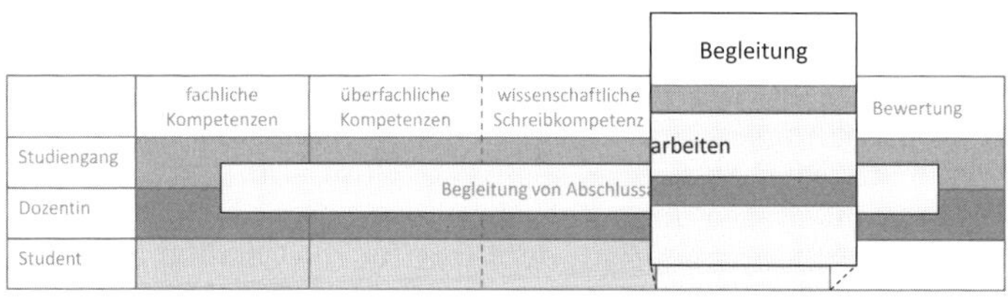

Abb. 10: Wirk- und Kontextfaktoren im Framework für die Begleitung von Abschlussarbeiten

Betreuerinnen von Abschlussarbeiten und anderen umfangreichen Arbeiten im Studium verfügen idealerweise über breite fachliche und persönliche Qualitäten und sind in der Lage, verschiedene Rollen während der Begleitung von Studierenden auszufüllen. Insbesondere müssen sie sich im Kontinuum von Führung (direktiv) und Beratung (non-direktiv) bewusst einordnen und ihr Handeln der jeweiligen Situation anpassen können. Sie müssen die Rahmenbedingungen kennen, die für das Verfassen von Abschlussarbeiten gelten, und sich dabei über mögliche Zielkonflikte im Klaren sein.

Bevor eine Dozentin eine (erste) Begleitung übernimmt, kann sie sich daher anhand systematischer Vorüberlegungen vergewissern, welche persönlichen Voraussetzungen sie für die Begleitung mitbringt, an welchen Leitlinien sie ihr Handeln ausrichten möchte und in welchem Kontext die Begleitung stattfindet. Ein persönliches Betreuungskonzept dient dazu, diese Klärungen zusammenzufassen.

4.1 Persönlichkeit der Betreuerin

Für eine erfolgreiche Begleitung sind die persönlichen Kompetenzen und die Beziehungskompetenz (vgl. Bauer 2008) der Dozierenden von großer Bedeutung: Gute Betreuerinnen verfügen über ausgeprägte Kompetenzen im Bereich der Gesprächsführung, insbesondere beim Feedback-Geben und beim aktiven Zuhören. Sie kommunizieren klar und wertschätzend, können konstruktive Kritik üben, aber auch entgegennehmen und Konflikte erkennen, benennen und lösen (vgl. Meyer 2009). Sie verfügen über explizierbares Handlungswissen im Bereich des wissenschaftlichen Arbeitens, des Projektmanagements und des wissenschaftlichen Schreibens (vgl. Ulmi, Bürki, Verhein & Marti 2014) und können sich abgrenzen, was z.B. das zeitliche Engagement oder die Verantwortung für die Qualität einer Abschlussarbeit angeht. Insbesondere haben sie aber auch eine klare Vorstellung davon, wie stark ihre Kompetenzen in einzelnen fachlichen und überfachlichen Bereichen ausgeprägt sind. Davon hängt auch ab, wie intensiv sie sich in diesen Bereichen als Betreuerin einbringen können.

Bewusster Betreuungsstil

Entscheidend für eine gute Begleitung ist aber auch, dass eine Betreuerin ihren eigenen Stil kennt. Sie sollte sich bewusst sein, weshalb sie einen Studenten so und nicht anders begleitet. Dazu gehört, dass sie ihre eigenen Werthaltungen kennt und weiß, wie ihr eigener Arbeitsstil und ihr eigenes wissenschaftliches Denken ausgestaltet sind. Die bewusste Wahrnehmung der eigenen Vorstellungen und Ansprüche ist Voraussetzung dafür, diese nicht unreflektiert auf andere zu übertragen.

Eigene Erfahrungen als Student

Die grundlegenden didaktischen Einstellungen von Lehrpersonen werden stark von deren eigenen Erfahrungen als Schüler und Studenten beeinflusst und ändern sich auch durch eine didaktische Ausbildung nur allmählich (Richards/Rogers 2001). Es ist also wichtig, dass sich Betreuerinnen bewusst werden, wie sie selbst während ihrer Abschlussarbeiten begleitet wurden und welche Konsequenzen sie daraus bewusst oder unbewusst gezogen haben oder ziehen möchten.

Anwendung

Legen Sie sich Rechenschaft darüber ab, wie Sie während Ihrer eigenen Abschlussarbeiten (Bachelor-, Master-, Magisterarbeit, Dissertation etc.) betreut wurden und von welchen bewussten und unbewussten Haltungen Sie sich bei der Begleitung von Studierenden leiten lassen. Tauschen Sie sich mit anderen Personen darüber aus.

Fragen:

1. Wie verlief die Betreuung meiner Bachelor-, Master-, Diplom- und/oder Doktorarbeit?
2. Welche Elemente empfand ich als nützlich, was war störend?
3. Welche zusätzlichen Elemente wären hilfreich gewesen?
4. Neige ich heute dazu, Studierende zu kontrollieren, oder lasse ich sie eher frei gewähren?
5. Traue ich den Studierenden eher (zu) viel oder (zu) wenig zu?
6. Wie sieht mein eigener Lern- und Arbeitsstil bei wissenschaftlichen Arbeiten aus?
7. Habe ich überdurchschnittlich hohe Ansprüche an meine eigene Arbeit, oder kann ich auch einmal mit mäßigen Resultaten zufrieden sein?

4.2 Kontinuum von Führen und Beraten

Rollenstrauß

Dozierende nehmen beim Begleiten von Studierenden bei Abschlussarbeiten, aber auch bei früheren wissenschaftlichen Arbeiten ganz unterschiedliche Rollen ein. Einmal sind sie Fachexpertin, dann wiederum Beraterin, Beurteilerin, Projektleiterin, Vertreterin der Fachcommunity etc. Thomann (2013) spricht von einem regelrechten Rollenstrauß, den Betreuerinnen wahrnehmen.

Die Rollen, die eine Dozentin übernimmt, können teilweise im Widerspruch zueinander stehen. Dies ist insbesondere beim Gegensatz von (unterstützender, zugewandter) Begleitung und (distanzierter, kritischer) Bewertung der Fall (vgl. Kap. 6.2). Aber auch andere Rollen stehen potenziell im Widerspruch zueinander. So bewegt sich eine Betreuerin ständig zwischen einer Position als führende Person, die klare Vorgaben macht und einen laufenden Prozess stark beeinflusst, und der Position der Beraterin, die Lösungen und Entscheidungen gemeinsam mit dem Studenten bespricht, die Verantwortung aber letztlich bei ihm belässt. Je bewusster sich eine Betreuerin über Rollen und Rollenerwartung ist, desto transparenter und situativ angemessener kann sie im Fall von Rollenkonflikten agieren.

Direktives und non-direktives Vorgehen

Die beiden Rollen bilden die Pole eines Kontinuums zwischen Führung und Beratung. Auf der einen Seite steht ein direktives Vorgehen als Expertin, die klare Vorgaben für Inhalte und Prozesse festlegt. Auf der anderen Seite steht ein non-direktives Verhalten, mit dem die Betreuerin zwar eine Auseinandersetzung mit inhaltlichen Fragen oder Arbeitsprozessen auslöst und auf Schwierigkeiten aufmerksam macht, den Studenten letztlich aber zu nichts verpflichtet. Damit einher geht eine unterschiedliche Verteilung der Verantwortung. Durch ein direktes Vorgehen übernimmt eine Betreuerin mehr Verantwortung für die stattfindenden Arbeits- und Lernprozesse, während sie als reine Beraterin einem Studenten zusammen mit der Entscheidungsfreiheit auch die Verantwortung für sein eigenes Handeln zugesteht (Thomann 2011, Lippitt/Lippitt 2006, Thomann/Pawelleck 2013).

Zunehmende Verantwortung des Studenten

In der Begleitung von wissenschaftlichen Arbeiten müssen sich Dozierende flexibel in diesem Kontinuum bewegen können. Bei Studierenden, die am Beginn des Studiums stehen, erscheint eine engere Führung mit klaren Vorgaben sinnvoll, bei einer Masterarbeit können Entscheidungsfreiheit und Verantwortung hingegen stärker den Studierenden überlassen werden, da diese im Sinne eines „Meisterstücks“ nun unter Beweis stellen, dass sie über die nötigen fachlichen und überfachlichen Kompetenzen zum wissenschaftlichen Arbeiten verfügen. Auch bei der Begleitung einer einzelnen Arbeit - unabhängig davon, wann diese im Studium verfasst wird - entwickeln sich die Aktivitäten der Betreuerin im Idealfall von einem direktiven zu einem non-direktiven Vorgehen hin: Die Dozentin legt zu Beginn klare Anforderungen und Rahmenbedingungen fest und stellt wo nötig durch eine deutliche Führung mit Meilensteinen und Rückmeldungen zum Ist-/Soll-Stand der Arbeit sicher, dass sich die Arbeit in die gewünschte Richtung entwickelt.

Bei der Entscheidung, ob eher direktiv oder non-direktiv begleitet werden soll, ist auch der persönliche Arbeitsstil und das Potenzial eines Studenten einzubeziehen. Eine der Herausforderungen für Dozierende liegt darin, schon zu Beginn einer Begleitung zu erkennen, inwieweit Studierende selbstständig und eigenverantwortlich arbeiten können. Je nach Situation und Einschätzung empfiehlt sich dann eher eine engere oder eine mit viel Freiheit und Eigenverantwortung verbundene Begleitung. Auch die Frage, was diesbezüglich an einer Hochschule oder in einem Studiengang üblich (oder sogar vorgeschrieben) ist, fließt in die Entscheidung ein.

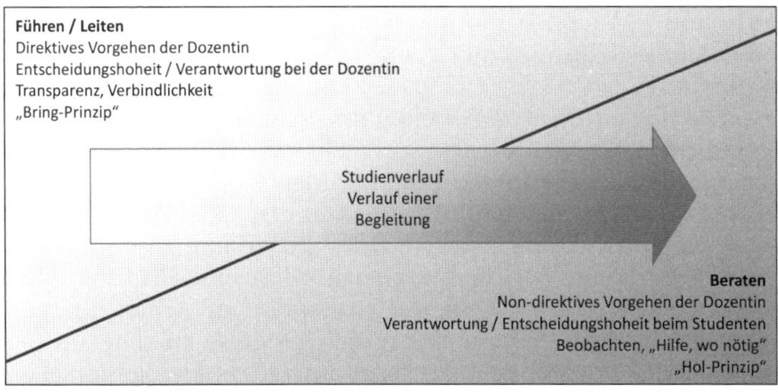

Abb. 11: Kontinuum zwischen Führen und Beraten (erweitert nach Thomann 2013, Johner 2011, Lippitt/Lippitt 2006)

4.3 Abschlussarbeiten innerhalb eines Projektes der Betreuerin

Häufig werden Studierende bei der Bachelor- und Masterarbeit in erster Linie von Assistierenden und wissenschaftlichen Mitarbeitenden begleitet. Die Professorinnen lesen in der Regel die resultierenden Arbeiten und nehmen eine Bewertung vor, oft in Absprache mit den betreuenden Assistierenden oder wissenschaftlichen Mitarbeitenden. Wenn die Themen der studentischen Abschlussarbeiten Teil des Dissertations- oder Forschungsprojekts der betreuenden Person sind – wie z.B. oft in den Naturwissenschaften oder in den Sozialwissenschaften –, hat das Auswirkungen auf das Betreuungsverhältnis.

Widersprüche zwischen eigenen Interessen und Begleitung

Problematisch kann zum einen sein, dass die betreuende Assistentin bzw. Doktorandin mit dem Thema einer Arbeit selbst noch nicht genügend vertraut ist. Zum anderen kann die Betreuerin in ein Abhängigkeitsverhältnis geraten, wenn sie für ihre eigene Forschung auf die Resultate der zu begleitenden Bachelor- oder Masterarbeit angewiesen ist. Sie wird den Studenten dann zwar hoch motiviert begleiten, läuft dabei aber Gefahr, die Begleitung direktiv auf das gewünschte Ergebnis auszurichten.

Die Begleitung von Arbeiten im Rahmen eines eigenen Forschungsprojektes führt also zu mehreren Widersprüchen: Einerseits soll eine Betreuerin dem Studenten Zeit und Raum für eigene Lösungswege einräumen, andererseits ist sie auf die Resultate der Arbeit angewiesen. Besonders dann, wenn das Forschungsvorhaben für die Betreuerin selbst eine Prüfungssituation darstellt und sie Teile der studentischen Arbeit übernehmen will, identifiziert sie sich möglicherweise zu sehr; im Extremfall führt sie ganze Teile selbst aus. Die Idee des forschenden Lernens legt zudem nahe, dass Studierende möglichst konkret und nahe an der Forschung einer Disziplin mitwirken sollen, was aber ebenfalls im Widerspruch zu den Rahmenbedingungen für benotete Studienleistungen stehen kann.

Interessen- und Rollenkonflikte klären

In vielen Fällen – vor allem bei erfolgreich verlaufenden Abschlussarbeiten – bleiben diese Widersprüche ohne negative Folgen. Das Bewusstsein für das Konfliktpotenzial, das ihnen innewohnt, ist daher bei vielen Betreuerinnen wenig ausgeprägt: Auftretende Dilemmata werden deshalb oft zu spät erkannt. Daher ist es wichtig, dass sich Betreuende, wenn sie Teile eines eigenen Forschungsprojekts als Abschlussarbeiten vergeben, bewusst und frühzeitig mit möglichen Interessen- und Rollenkonflikten auseinandersetzen. Das Konfliktpotenzial sollte auch mit dem betreuten Studenten zu Beginn der Betreuung besprochen und ggf. durch entsprechende Abmachungen eingegrenzt werden. Dazu zählt neben verbindlichen Fristen auch die Frage, wie bzw. von wem die erhobenen Daten und die erzielten Ergebnisse weiterverwendet werden können.

Anwendung

Legen Sie sich Rechenschaft darüber ab, ob sich bei der Begleitung einer Abschlussarbeit für Sie Rollen- oder Interessenkonflikte ergeben können.

Leitfragen:

1. Wie stark hängt meine eigene Arbeit von der betreuten Bachelor-/Masterarbeit ab?
2. Führen meine eigenen Forschungsvorhaben zu einem Zeitdruck für die betreute Arbeit?
3. Wie gehe ich damit um, wenn ein Student die Schwerpunkte oder Methoden anders als von mir erwartet wählt?
4. Wie verhalte ich mich in dem Spannungsfeld, den Studenten einerseits eigene Wege gehen zu lassen und andererseits die für mein Projekt benötigten Daten zu erhalten?
5. Welche Auswirkungen hat es auf mein Betreuungsverständnis und mein Handeln, wenn ich selbst am Beginn meiner Promotion stehe und fachlich noch wenig sattelfest bin?

4.4 Institutioneller Rahmen für die Begleitung von wissenschaftlichen Arbeiten

Eine Betreuerin sollte einerseits den Ausbildungsgang, den ein Student durchlaufen hat, in groben Zügen kennen. Insbesondere, wenn eine Dozentin selbst an einer anderen Hochschule oder in einer anderen Disziplin studiert hat, sollte sie sich mit diesen Strukturen vertraut machen. Dadurch kann sie abschätzen, auf welche fachlichen und ggf. überfachlichen Kompetenzen der Student bei seiner Arbeit zurückgreifen kann bzw. was sie von ihm erwarten kann (vgl. Kap. 2.4).

Andererseits sollte eine Betreuerin für die Begleitung einer Abschlussarbeit, aber auch für frühere Arbeiten im Studium die Rahmenbedingungen abklären, die von einer Hochschule oder einem Studiengang für die Arbeit und ihre Betreuung vorgesehen sind. Institutionelle Leitfäden und Dokumente liefern im besten Fall ein klares Bild davon, welche Ziele mit einer Arbeit verbunden sind, und vermitteln in vielen Bereichen auch Klarheit darüber, wie die Betreuung auszugestalten ist. Dadurch stellen sie auch sicher, dass sich die Begleitung innerhalb der institutionellen Vorgaben bewegt, was auch im Hinblick auf die Gleichbehandlung aller Studierenden wichtig ist. In gewissen Studiengängen wird auch vorgegeben, welchen zeitlichen Umfang eine Begleitung minimal oder maximal einnehmen soll. Dadurch lässt sich auch der Zeitaufwand für die Betreuerinnen wirksam begrenzen.

Anwendung

An den meisten Hochschulen gelten Abschlussarbeiten als eigene Module, für die entsprechende Modulbeschreibungen bestehen. Beschaffen Sie sich die Modulbeschreibung für die Arbeit, die Sie begleiten, und klären Sie die folgenden Fragen:

- Welche Lernziele sollen mit der Arbeit erreicht werden?
- Handelt es sich um eine Literatur- oder um eine empirische Arbeit?
- Besteht ein Kriterienraster, mit dem die fertige Arbeit bewertet werden muss oder kann?
- Stimmen Lernziele, Art der Arbeit und Bewertungskriterien im Sinne des Constructive Alignment überein (vgl. Kap. 2.4)? Wer-

den die (fachlichen und überfachlichen) Kompetenzen bewertet, die durch das Verfassen der Arbeit gestärkt werden sollen?
- Welche (weiteren) Leitfäden und Vorgaben bestehen für die Arbeit?
- Welche Informationen liegen den Studierenden zu der erwarteten Arbeit vor? Stellen Sie sicher, dass diese Informationen von den Studierenden wirklich wahrgenommen werden.

Wo keine vollständigen Vorgaben bestehen oder wo Sie der Meinung sind, dass diese unvollständig oder nicht konsistent sind, können Sie Lernziele und Bewertungskriterien im Rahmen der zulässigen Vorgaben auch selbst konkretisieren. Manchmal lohnt es sich auch, im eigenen Institut oder Studiengang die Initiative zu ergreifen und Vorschläge für eine Konkretisierung dieser Angaben einzubringen.

Stellen Sie auch sicher, dass die Studierenden die vorhandenen Leitfäden und Vorgaben zur Kenntnis genommen haben.

4.5 Betreuungskonzept

Um den verschiedenen Ansprüchen, Rahmenbedingungen und Widersprüchen bei der Begleitung von Arbeiten gerecht zu werden, empfiehlt sich die Erstellung eines individuellen Betreuungskonzepts: Die Betreuerinnen stellen für sich, in Stichworten, als Mind-Map oder als ausformuliertes Konzept die Leitlinien zusammen, an denen sie sich bei der Betreuung orientieren möchten. Sie legen sich Rechenschaft ab, welche besonderen Kompetenzen sie für die Begleitung mitbringen und wo sie ggf. Studierende an Drittpersonen verweisen müssen, wie sie sich im Kontinuum von direktem und non-direktivem Handeln positionieren möchten, welche weiteren Personen involviert sind etc.

Das individuelle Betreuungskonzept zeigt die erforderlichen fachlichen und überfachlichen Kompetenzen für Betreuerinnen von Studierenden bei Abschlussarbeiten, nennt wichtige Einflussfaktoren sowie die vorhandenen Vorgaben und Dokumente seitens des Studiengangs.

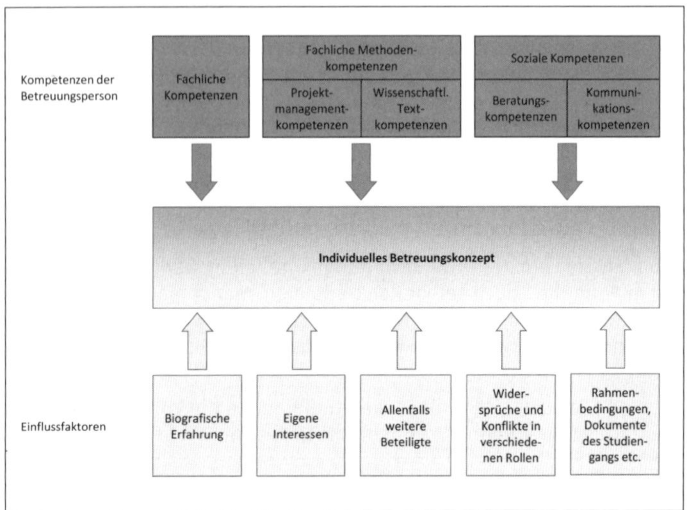

Abb. 12: Kompetenzen und Einflussfaktoren für ein individuelles Betreuungskonzept

Das individuelle Betreuungskonzept liefert damit den Rahmen für die konkrete Betreuung von Abschluss- und anderen Arbeiten. Während der Betreuung wird es fortlaufend reflektiert und - wo nötig - angepasst.

5 Ablauf einer Begleitung

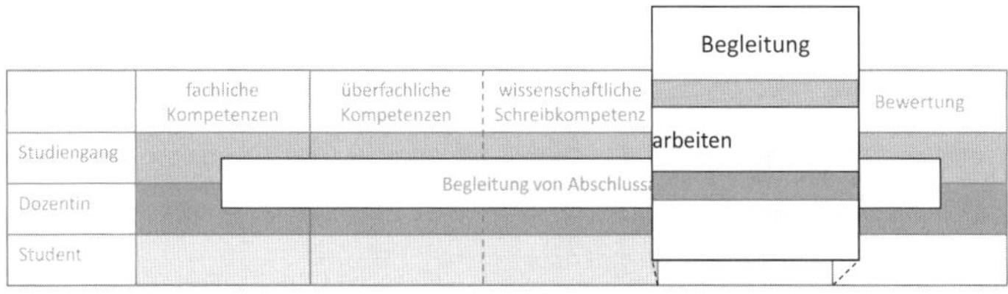

© 2015 Buff Keller/Jörissen: Abschlussarbeiten

Abb. 13: Ablauf einer Begleitung im Framework für die Begleitung von Abschlussarbeiten

Für eine professionelle Begleitung, die auch für schwierige Situationen, etwa bei schwachen Leistungen des Studenten, einen geeigneten Rahmen abgibt, braucht es nicht nur ein geschicktes Agieren im direkten Kontakt mit den Studierenden. Verschiedene strukturelle und organisatorische Maßnahmen – etwa ein klarer Zeitplan mit Meilensteinen oder klare Abmachungen zwischen Betreuerin und Student (Contracting) – sind dabei genauso wichtig wie die Rückmeldungen im Rahmen von Sprechstunden.

Die Begleitung einer Abschlussarbeit oder einer umfangreichen wissenschaftlichen Arbeit während des Studiums lässt sich in der Regel in verschiedene Phasen gliedern. Je nach Disziplin und konkreter Situation sieht die Begleitung sehr unterschiedlich aus. Entsprechend können sich einzelne Phasen erübrigen oder mehr oder weniger Gewicht einnehmen. Die folgende Zusammenstellung bietet daher nur generelle Anhaltspunkte für den Ablauf einer Begleitung und soll als Orientierung für das Vorgehen bei einer Betreuung verstanden werden (vgl. z.B. auch die Ausführungen zum Metaphasenplan in Thomann/Pawelleck 2013: 73ff).

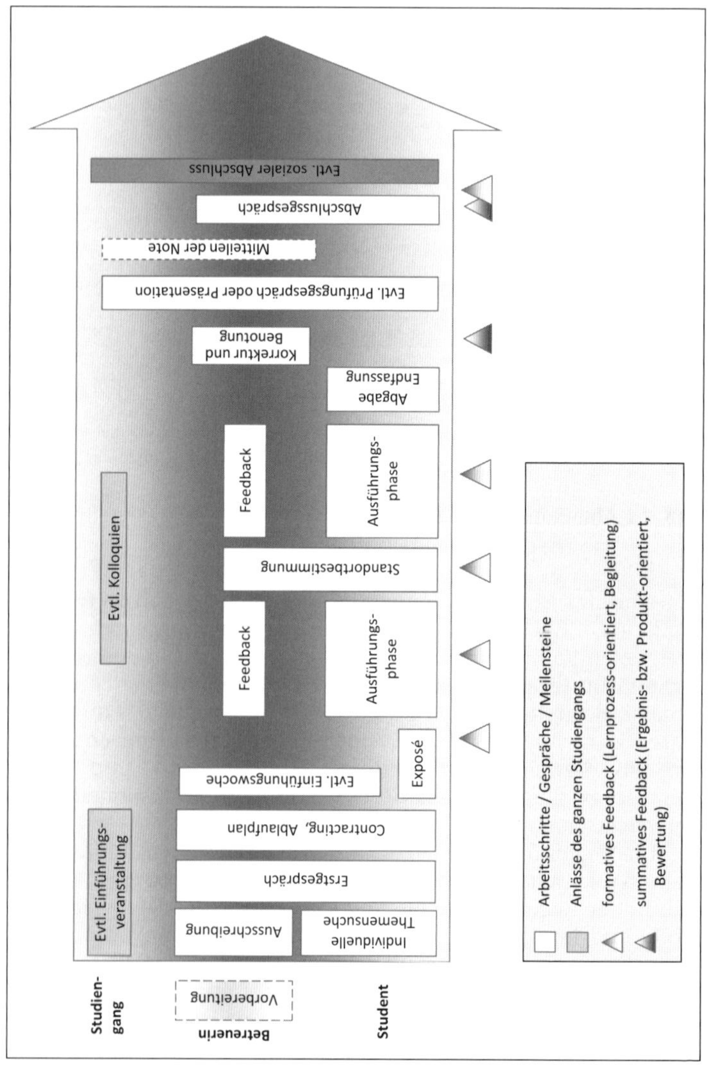

Abb. 14: Prototypischer Ablauf einer Begleitung

Im Folgenden werden die in der Abbildung aufgeführten Elemente der einzelnen Phasen beschrieben.

5.1 Themensuche und Vorbereitung

Je nach Disziplin oder Hochschule werden Themen für Abschlussarbeiten von den Dozierenden vorgegeben, oder die Studierenden entwickeln selbst ein Thema und fragen dann eine Dozentin für eine Begleitung an.

Ausschreibung oder individuelle Themensuche

Wenn Dozierende Themen vorgeben, liegt es an ihnen, ein geeignetes Thema zu bestimmen und einzugrenzen. Dazu gehören eine Analyse des Forschungsstandes und die Angabe der wichtigsten Fachliteratur. Erfolgt die Betreuung durch Assistierende oder Angehörige des Mittelbaus, ist eine gute Absprache mit der eigenen Vorgesetzten – i.d.R. einer Lehrstuhlinhaberin – notwendig. Nach der Ausschreibung des Themas können sich Studierende in der Regel um eine Arbeit bewerben. Eine schriftliche Bewerbung oder ein erstes Bewerbungsgespräch können der Betreuerin ein Bild von den interessierten Studierenden und deren Motivation vermitteln. Sie kann dadurch auch abschätzen, ob ein Student über die nötigen fachlichen Voraussetzungen für die Arbeit verfügt, bevor sie die Betreuung übernimmt.

Auch dann, wenn die Themen für Abschlussarbeiten von den Studierenden vorgeschlagen werden, ist es sinnvoll, von diesen eine schriftliche oder mündliche Bewerbung zu verlangen. Die Studierenden müssen sich so ein erstes Mal vertiefter mit dem gewählten Thema und der Frage nach einer geeigneten Betreuungsperson auseinandersetzen. Zugleich erhält die Betreuerin ein erstes Bild von der Motivation und den fachlichen Voraussetzungen des Studenten.

Ressourcen

Die Betreuerin muss sich Rechenschaft darüber ablegen, welche zeitlichen und fachlichen Ressourcen sie in die Begleitung investieren kann und wie sich die Begleitung in die eigene Zeitplanung einfügen lässt. Ggf. sind für die Begleitung auch finanzielle Ressourcen, ein Arbeitsplatz, Laboreinrichtungen, eine besondere IT-Infrastruktur, die Einwilligung von Dritten (z.B. der Ethikkommission) oder die Zusammenarbeit mit weiteren Expertinnen notwendig. Ebenfalls gilt es für die Betreuerin abzuklären, wer in welcher Form an der Bewertung der Arbeit beteiligt sein wird.

Dossier

Insbesondere wenn eine Dozentin mehrere Studierende gleichzeitig betreut, ist es nötig, dass sie zu jeder Begleitung ein Dossier erstellt, in dem sie alle relevanten Dokumente ablegt – elektronisch oder auf Papier. Dazu gehören Notizen zu den Abmachungen, die die Dozentin mit dem Studenten oder mit weiteren Personen trifft, und kurze Zusammenfassungen zu den Besprechungen mit dem Studenten. Das Dossier stellt sicher, dass sich die Dozentin immer auch den ganzen Betreuungsprozess vor Augen führt und nicht nur eine „Momentaufnahme“ wahrnimmt.

Als zentrales Dokument wird zudem das Contracting, die Vereinbarung zwischen Dozentin und Student zum Verlauf der Betreuung, im Dossier abgelegt (vgl. Kap. 5.2). Kommt ein eigentliches Contracting nicht in Frage, so kann die Dozentin anstelle dessen in einer gut platzierten Übersichtsdarstellung die zentralen Aspekte festhalten: z.B. die Ziel- oder Auftragsformulierung, eine Zusammenstellung aller beteiligten Personen inkl. ihrer Zuständigkeiten und eine Terminübersicht mit Meilensteinen, Besprechungs- und Abgabeterminen.

Einführungsveranstaltung

Einführungsveranstaltungen als Start in das Bachelor- oder Masterarbeitsmodul sind ein effektives und effizientes Instrument für Studierende und Betreuende. Die Themensuche und ein erster Kontakt zwischen Betreuerinnen und Studierenden können auch im Rahmen einer solchen Einführungsveranstaltung stattfinden, bei der die Rahmenbedingungen, Strukturen und Vorgaben zu Abschlussarbeiten dargelegt werden. Insbesondere für Dozierende mit vielen gleichzeitig zu betreuenden Studierenden sind solche Veranstaltungen entlastend und effizient.

5.2 Startphase und Contracting

Erstgespräch

Das Erstgespräch bildet die Basis für die anschließende Zusammenarbeit zwischen Betreuerin und Student. Themen für das Erstgespräch sind die Motivation bzw. das Interesse des Studenten am Thema, die gegenseitigen Erwartungen, eine Präzisierung der Fragestellung bzw. des Themas und die bestehenden institutionellen Vorgaben für die Arbeit. Ferner ist zu vereinbaren, in welchen Stadien der Arbeit und in welchem Umfang die Betreuerin Feedbackgespräche anbietet und Entwürfe liest. Die Dozentin selbst sollte ihre Anforderungen an die Arbeit formulieren und die Bewertungskriterien bzw. die Bewertungsmodalitäten klären und transparent machen (vgl. Kap. 6.4). Es empfiehlt sich, im Erstgespräch auch die für die Arbeit notwendigen fachlichen und methodischen Voraussetzungen auf Seiten des Studenten zu klären.

Contracting

Sind beide Seiten (nach einigen Tagen) immer noch an einer Betreuung interessiert, fällen sie eine definitive Entscheidung zur Zusammenarbeit. Dann folgt das eigentliche Contracting: Die Betreuerin und der Student halten die wichtigsten Punkte ihrer Zusammenarbeit schriftlich fest. Sind weitere Personen in die Betreuung oder Bewertung involviert, sind diese auch ins Contracting einzubinden. In diesem Fall sind die Verantwortlichkeiten und die Kommunikationswege zu regeln (vgl. Thomann/Pawelleck 2013: 42-48).

Beispiel: Contracting

Vereinbarung zur Masterarbeit von ...

Thema der Arbeit:

Student

Name, Kontaktdaten:

weitere Angaben (Vorbildung; besuchte, für die Arbeit relevante Veranstaltungen; Interessen etc.):

Betreuerin

Name, Kontaktdaten, Erreichbarkeit:

Beginn:

Abgabetermin:

Auftrag/Ziel:

Gegenseitige Erwartungen

an den Studenten:

an die Betreuerin:

Organisation der Betreuung

Struktur/Ablauf:

weitere Beteiligte (Co-Betreuer/-innen; Industriepartner, andere Studierende):

Kompetenzen und Zuständigkeit (Begleitung, Benotung):

Ressourcen

Zeitaufwand Student/Betreuerin:

Infrastruktur:

Finanzen:

Termine (Besprechungen, Meilensteine):

Ort, Datum

Unterschrift Betreuerin *Unterschrift Student*

Ablaufplan und Meilensteine

Der Student erstellt einen Ablaufplan mit Meilensteinen, in dem er festlegt, welche Arbeitspakete er bearbeiten und welche Zwischenresultate er bis wann erreichen möchte. Die Dozentin überprüft den Plan gemeinsam mit dem Studenten auf seine Realisierbarkeit, und der Student überarbeitet ihn, wo nötig. In diesem Ablaufplan einigen sie sich auch auf einen Sitzungsmodus, in dem sie Ablauf und Termine für ihre weiteren Besprechungen festlegen.

Bei den späteren Meilenstein-Sitzungen überprüfen Student und Dozentin, ob die vereinbarten Zwischenziele erreicht wurden. Ist dies nicht der Fall, besprechen sie die Ursachen und passen die Planung notfalls im Sinne einer Projektsteuerung an.

Exposé

In den ersten Wochen nach Beginn der Arbeit verfasst der Student ein Exposé (bzw. ein Research Proposal). Das Exposé nennt den (vorläufigen) Titel der Arbeit, formuliert und begründet die Problem- oder Fragestellung, fasst die bereits gesichtete Fachliteratur zusammen und beschreibt das methodische Vorgehen, das er auf die Frage- oder Problemstellung anwenden möchte. Das Exposé enthält auch den Ablaufplan mit den vereinbarten Meilensteinen.

Die Betreuerin liest das Exposé und schlägt etwaige Änderungen, Ergänzungen oder Verbesserungen vor. Sobald sie das Exposé angenommen hat, gilt es als verbindliche Grundlage für die weitere Arbeit und die Begleitung. Es empfiehlt sich, die Textsorte „Exposé“ bereits im Studium einzuführen und einzuüben (vgl. Kap. 2.4).

Intensive Begleitung und Einführungswoche

Je nach Disziplin und Situation bietet es sich an, die Studierenden zu Beginn der Arbeit besonders eng zu begleiten, z.B. mit einer ersten gemeinsamen Woche im Labor oder einer Einführungswoche, in der zusammen mit anderen Absolventen inhaltliche Fragen geklärt und die individuellen Arbeiten geplant werden. Unter Umständen muss der Besuch von zusätzlichen Schulungen (z.B. Statistik- oder Codierkursen) vereinbart werden, damit ein Student die Arbeiten fachgerecht ausführen kann. Dieses Vorgehen sorgt einerseits für eine solide fachliche Grundlage und andererseits für eine gute soziale Basis, auf der die weitere Arbeit aufbauen kann.

5.3 Durchführungsphase

Feedback-Gespräche

Während der Ausführungsphase führt der Student das geplante Projekt gemäß der vereinbarten Planung (Contracting, Exposé) durch und tauscht sich in Sitzungen und Feedback-Gesprächen mit der Betreuerin aus. Wie z.B. im Contracting schon vereinbart, teilt der Student seiner Dozentin vor den Gesprächen schriftlich mit, welche Fragen oder Themen er besprechen möchte. So kann sie sich vorbereiten und das Gespräch erhält einen klaren Fokus.

Die Dozentin achtet dabei darauf, einerseits die erwarteten fachlichen und methodischen Standards einzufordern und andererseits ihr Betreuungsverhalten auf die Persönlichkeit des Studenten auszurichten. Je nachdem kann sie dabei die Arbeit des Studenten stärker steuern, indem sie ihre Rolle eher direktleitend wahrnimmt, oder ihm größere Freiheiten lassen, indem sie ihm eher beratend zur Seite steht (vgl. Kap. 4.2). Je nach Situation ist es zielführender, exemplarische, dafür detaillierte Hinweise für die Weiterarbeit oder pauschale Rückmeldungen zu vorliegenden Rohtexten zu geben (vgl. Kap. 6.1)

Sitzungsprotokolle

Nach jeder Sitzung fasst der Student das Gespräch in einem kurzen Protokoll zusammen, womit sichtbar wird, was er als zentrale Inhalte der Sitzung verstanden hat und ob beide Seiten die gleichen Schlussfolgerungen und Erkenntnisse erlangt haben. Die Inhalte der Sitzung werden dadurch verbindlich. Nach einigen Sitzungen kann der Fortschritt einer Arbeit aus einer längerfristigen Perspektive betrachtet werden, wodurch unter Umständen latente Schwierigkeiten sichtbar werden.

Exemplarische Rückmeldungen

Wenn erste Entwürfe zu einzelnen Teilen der Arbeit vorliegen, sollte die Betreuerin diese exemplarisch durchsehen und dem Studenten eine Rückmeldung dazu geben, ob die Texte gedanklich kohärent und verständlich sind. Dieses Feedback sollte möglichst früh erfolgen, damit grundsätzliche Schwierigkeiten früh erkannt und besprochen werden können (vgl. Kap. 3.3).

Standortbestimmung

Ein wichtiger Meilenstein ist eine Standortbestimmung, zu der sich die Betreuerin und der Student etwa in der Hälfte des Projektes treffen. Dabei stellt der Student sein bisheriges Vorgehen und seine vorläufigen Ergebnisse vor und nennt offene Fragen und Schwierigkeiten. Die Betreuerin gibt dem Studenten Feedback zur Arbeitsweise und zu den bisher erzielten Resultaten. Der Student und die Betreuerin überprüfen in ihrem Gespräch auch ihre Planung im Hinblick auf das weitere Vorgehen und reflektieren die bisherige Betreuung. Je nach Disziplin und Projektplanung kann auch ein erstes Kapitel der schriftlichen Arbeit besprochen werden (vgl. Kap. 3.3).

Kolloquium und Projektgruppen-Meeting

Sehr zu empfehlen ist es, den Studierenden die Gelegenheit zu geben, ihre bisherigen Resultate und Fragen im Rahmen von Projektgruppen-Meetings oder von Kolloquien einem breiteren Publikum aus Kollegen und Expertinnen vorzustellen. Im Rahmen von solchen Veranstaltungen können z.B. Proposals, Exposés, Methoden, Modelle oder vorläufige Ergebnisse vorgestellt und diskutiert werden. Für Studierende bieten solche Anlässe die Gelegenheit, sich selbst und anderen Rechenschaft über den Stand ihrer Arbeiten abzulegen und sich im Sinne eines akademischen Diskurses fachlich darüber auszutauschen. Außerdem sind sie ein gutes Training für spätere Präsentationen auf wissenschaftlichen Tagungen oder im Berufsleben.

Gemeinsame Besprechungen mit allen Beteiligten

Sind mehrere Betreuerinnen involviert, ist eine gemeinsame Sitzung mit allen Beteiligten im Frühstadium der Arbeit nötig. Dabei sollten die Rollen und Kompetenzen der beteiligten Betreuungspersonen genau geklärt und festgehalten werden. Der Student und alle beteiligten Betreuerinnen müssen wissen, wer für welche Themen die Ansprechperson ist. Es ist hilfreich, wenn auch bei Standortbestimmungen und Präsentationen alle Beteiligten anwesend sind oder der Hauptbetreuerin ihre Einschätzung und ihre offenen Fragen schriftlich zukommen lassen. Auch wenn Schwierigkeiten bei der Begleitung auftreten, sollte die Hauptbetreuerin frühzeitig die anderen Beteiligten informieren – insbesondere dann, wenn diese die Hauptverantwortung für die Arbeiten tragen.

5.4 Schlussphase

Rollenwechsel

In der Schlussphase wechselt die Begleiterin i.d.R. ihre Rolle: Sie wird von der Betreuerin zur Beurteilerin, wenn sie die Arbeit auch bewerten muss. Dieser Wechsel muss klar kommuniziert werden (siehe Kap. 4.2). Damit er glaubwürdig vollzogen werden kann, ist es wichtig, dass die Betreuerin auch während der Betreuung eine angemessene soziale Distanz zum Studenten beibehält. Der Rollenwechsel kann dadurch unterstrichen werden, dass zwischen Betreuung und Beurteilung ein gewisser zeitlicher Abstand liegt und sich die Beteiligten bei der Beurteilung dann in neuer Form begegnen.

Bewertung

Nach der Abgabe der Arbeit korrigiert und bewertet die Betreuerin, alleine oder zusammen mit anderen Expertinnen, die Arbeit anhand der definierten Kriterien (vgl. Kap. 6). Wirken mehrere Personen an der Beurteilung mit, so muss für den Studenten später ersichtlich sein, wie die Bewertung zustande gekommen ist und wer letztlich dafür geradesteht. Die Verantwortung für eine (schlechte) Bewertung darf sich nicht in diffusen Zuständigkeiten verlieren. Wenn eine Betreuerin einem Studenten gegenüber z.B. große Sympathien oder Antipathien entwickelt hat, sollte sie sich dies eingestehen und den Einschätzungen anderer bei der Beurteilung besonderes Gewicht einräumen.

Prüfungsgespräch oder Präsentation

Neben der schriftlichen Arbeit kann ein Studiengang in den Prüfungsordnungen auch ein Prüfungsgespräch vorsehen. Bei einem Prüfungsgespräch fasst der Student nochmals die wichtigsten Ergebnisse seiner Arbeit zusammen. Danach steht er für Fragen zur Verfügung. Ein Prüfungsgespräch bietet den Vorteil, dass neben der schriftlichen Darstellung eines Themas auch andere Kompetenzen eingefordert werden, etwa die Fähigkeit, zu präsentieren oder eine fachliche Diskussion zu führen. Außerdem kann ein Prüfungsgespräch gerade in großen Studiengängen mit einer hohen Anonymität Hinweise darauf geben, ob ein Student eine Arbeit wirklich eigenständig verfasst hat.

Alternativ zu einem Prüfungsgespräch kann ein Studiengang auch die Präsentation – z.B. anhand eines Posters – im Rahmen eines halböffentlichen Prüfungskolloquiums vorsehen, zu dem auch interessierte Fachkolleginnen und andere Studierende eingeladen sind (vgl. auch Kap. 2.5). Diese Form eignet sich i.d.R. weniger für kritische Rückfragen zur eigentlichen Arbeit (die vielen Anwesenden ja nicht detailliert bekannt ist), fördert aber den sozialen und fachlichen Austausch innerhalb eines Instituts und vermittelt Studierenden, die selbst noch an ihrer Abschlussarbeit schreiben, eine Zielvorstellung für die eigene Arbeit.

Notengebung

Die Beurteilerinnen einigen sich auf eine Note zur schriftlichen Arbeit und ggf. zu Prüfungsgespräch oder Präsentation. Die Beurteilung erfolgt aufgrund der bestehenden Bewertungskriterien. Sie halten die wichtigsten Punkte fest, die zu dieser Bewertung geführt haben (Kap. 6.3). Die Note wird danach dem Studenten mitgeteilt, ggf. nach Ablauf entsprechender Fristen. Die Mitteilung sollte nach Möglichkeit durch die Betreuerin erfolgen und nicht anonym durch ein Sekretariat. Damit verdeutlicht die Betreuerin, dass sie ihre unterschiedlichen Rollen bei der Begleitung und der Bewertung bis zum Schluss wahrnimmt.

Abschlussgespräch

Ein Abschlussgespräch sollte fester Bestandteil der Betreuung sein, auch wenn dies in vielen Studiengängen nicht vorgeschrieben ist. Das Gespräch bietet die einmalige Möglichkeit, dem Studenten über die Note hinaus mitzuteilen, was er für ein späteres Studium oder für vergleichbare Arbeiten aus der Abschlussarbeit lernen kann. Im Abschlussgespräch begründet die Betreuerin die Note und legt dem Studenten dar, wie sie die resultierende Arbeit, aber auch den Arbeitsprozess und die Zusammenarbeit einschätzt. Das Gespräch sollte auch auf das

Lernpotenzial fokussiert sein, das sich aus der Arbeit ergibt. Dabei sollte nicht nur Kritik geübt und Verbesserungspotenzial aufgezeigt werden. Der Student sollte auch auf jene Aspekte aufmerksam gemacht werden, in denen er gute oder überdurchschnittliche Fähigkeiten bewiesen hat. Ist ein Abschlussgespräch z.B. aus organisatorischen Gründen nicht möglich, können die Begründung der Notengebung und die konstruktive Rückmeldung an den Studenten auch schriftlich in einem ausführlichen Gutachten erfolgen.

Ein Abschlussgespräch bietet der Betreuerin auch die Möglichkeit, vom Studenten Rückmeldungen zur Betreuung zu erhalten. In einem separaten Teil des Gesprächs kann sie den Studenten fragen, was er bei der Betreuung als hilfreich und was er als hemmend empfand und wo er ggf. mehr oder weniger Unterstützung benötigt hätte. Dabei können neben fachlichen und organisatorischen auch zwischenmenschliche Aspekte zur Sprache kommen. Die Betreuerin kann auch explizit fragen, was sie bei künftigen Betreuungen beibehalten und was sie ändern sollte.

Vorschlag: Ablauf eines Abschlussgesprächs

- Vorbereitung: Organisation eines geeigneten Raumes und Einplanen eines ausreichenden Zeitfensters für das Abschlussgespräch
- Begrüßung
- Selbsteinschätzung: Die Betreuerin erkundigt sich danach, wie der Student seine Leistungen selbst einschätzt und ob er die Note als angemessen erachtet (falls die Note bereits schriftlich mitgeteilt wurde).
- Mitteilen der Note: Die Betreuerin teilt dem Studenten die Note mit, falls ihm diese noch nicht bekannt ist.
- Rückmeldung zur Arbeit: Die Betreuerin würdigt die Arbeit anhand der zuvor festgelegten Kriterien und begründet dabei auch die Notengebung. Sie geht zuerst auf positive und dann auf negative Merkmale der Arbeit ein.
- Rückmeldung zum Prozess und zur Zusammenarbeit: Die Betreuerin teilt dem Studenten mit, wie sie sein Vorgehen bei der Arbeit einschätzt und wie sie die Zusammenarbeit erlebt hat.

- Formative Aspekte: Die Betreuerin streicht speziell heraus, welche bereits vorhandenen Stärken er bei künftigen Arbeiten bewusst(er) einsetzen soll und wo sie Verbesserungspotenzial sieht.
- Rückmeldung zur Betreuung: Die Betreuerin bittet den Studenten um ein Feedback zu ihrem Einsatz als Betreuerin.
- Zukunftspläne: Die Frage nach den Zukunftsplänen des Studenten kann einen passenden Abschluss für die Besprechung der Arbeit darstellen und ggf. Raum für Fragen des Studenten nach den Einschätzungen und Empfehlungen der Betreuerin geben oder den Auftakt zu einer weiteren Zusammenarbeit bilden.
- Es empfiehlt sich, das geplante Feedback zuvor in Stichworten zu formulieren. Ggf. können diese Notizen auch dem Studenten überlassen werden.

Am Schluss einer umfassenden Betreuung kann schließlich auch ein sozialer Anlass stehen. Eine Abschlussfeier, ein Stehempfang oder auf individueller Ebene ein gemeinsamer Besuch im Biergarten: Hier kann die Betreuerin die Arbeit des Studenten nochmals symbolisch würdigen und sich mit ihm über den Ausbildungs- und Lebensabschnitt, in dem sie ihn begleitet hat, freuen. Solche Anlässe bieten auch einen guten Rahmen, um den Studenten auf seine Zukunftspläne anzusprechen. So öffnet der Abschluss der Betreuung ein Fenster in die weiteren Lebensabschnitte.

5.5 Beispiel: Leitfaden für die Begleitung von Bachelorarbeiten an einer Fachhochschule

Das folgende Beispiel gibt die Vorgaben für die Betreuung von Bachelorarbeiten im „Bachelor of Science in Tourism“ an der Hochschule für Technik und Wirtschaft (HTW) Chur wieder. Einleitend wird dargestellt, wie der Leitfaden in einem gut abgestützten Prozess entwickelt wurde.

Der Leitfaden wurde beispielhaft in einem eintägigen Workshop, moderiert von einer externen Beraterin, mit Vertreterinnen und Vertretern der am Studiengang involvierten Akteure entwickelt. Unter der Leitung des Studiengangleiters nahmen der Forschungsleiter des Studiengangs, der verantwortliche Dozent für wissenschaftliches Arbeiten in den ersten drei Semestern, eine erfahrene Dozentin und frühere Studiengangleiterin, die Assistentin des Studiengangleiters und ein Student teil. Die Resultate des Workshops wurden vom Studenten in Form eines Leitfadens verschriftlicht. Nach der kritischen Durchsicht durch die Beteiligten des Workshops wurde der Entwurf des Leitfadens in seine endgültige Form gebracht, die später allen Dozierenden des Studiengangs in einer Inputveranstaltung zur Betreuung von Bachelorarbeiten vorgestellt wurde. Seither sind der Leitfaden und der darin enthaltene Ablauf der Betreuung für alle Dozierenden verbindlich. Ein solches Vorgehen zur Entwicklung eines Betreuungsleitfadens ermöglicht eine breite Akzeptanz bei allen Beteiligten.

Der Leitfaden bzw. der Ablaufplan vereinheitlicht und verbessert Umfang und Qualität der Begleitung von Bachelorarbeiten und trägt zu einer Gleichbehandlung aller Studierenden bei. Den Dozierenden stellt der Leitfaden auf einen Blick die wichtigsten Vorgaben und Schritte einer Betreuung vor: Sie wissen, was von ihnen erwartet wird und welche Grenzen ihnen bei der Begleitung von Studierenden gesetzt sind. Der Leitfaden richtet sich an Dozierende, ist aber auch für Studierende einsehbar. So wissen diese, was sie im Rahmen der Begleitung erwarten dürfen.

Die Studierenden erlernen in den ersten drei Semestern ihres Studiums in drei Pflichtveranstaltungen die Grundlagen des wissenschaftlichen Arbeitens, wissenschaftlicher Forschungsmethoden und empirischer Sozialforschung. Der Studiengang integriert fachliche und überfachliche Kompetenzen in systematischer Form und bereitet die Studierenden damit beispielhaft auf die Bachelorarbeit vor (vgl. Kap. 2.3, 2.4 und 2.5). Der Leitfaden macht sowohl für Dozierende als auch für Studierende sichtbar, welche überfachlichen und methodischen Kompetenzen beim Verfassen einer Bachelorarbeit vorausgesetzt werden können.

Leitfaden für die Betreuung von Bachelorarbeiten im „Bachelor of Science in Tourism" der Hochschule für Technik und Wirtschaft Chur

1. Zweck des Leitfadens
Zweck dieses Leitfadens ist es, den Umfang und die Qualität der Begleitung und Betreuung der Studierenden bei den Bachelorarbeiten zu vereinheitlichen und weiter zu verbessern. Dadurch soll eine möglichst weitgehende Gleichbehandlung der Studierenden sichergestellt werden.

2. Ziel der Bachelorarbeit
Mit der Bachelorarbeit zeigen die Studierenden, dass sie eine praxisrelevante, anspruchsvolle Fragestellung in den Fachdisziplinen „Tourismus und Freizeit" in einem vorgegebenen Zeitrahmen nach wissenschaftlichen Standards selbstständig planen und Lösungsvorschläge erarbeiten, dokumentieren und präsentieren können. Überprüft werden dabei die Fach-, Methoden- und Selbstkompetenz.

3. Aufgaben und Rollen der Betreuenden
Die Aufgabe des Betreuers umfasst grundsätzlich zwei Aspekte. Einerseits ist dies die Begleitung als offizielle Ansprechperson durch den gesamten Arbeitsprozess, was auch eine zurückhaltend moderate fachliche Betreuung und Beratung des Studierenden beinhaltet. Andererseits ist die Funktion eines Prüfers wahrzunehmen, wenn es um die abschließende Bewertung und Beurteilung der Arbeit geht.

Doppelrolle des Betreuers
Sich situationsgerecht zwischen den beiden Polen Führen und Beraten zu bewegen, ist ein sehr anspruchsvoller Teil der Tätigkeit eines Betreuers. Er muss gleichzeitig den Rollen eines Fachexperten, Beraters, Qualitätsträgers der Fachhochschule und Beurteilers gerecht werden. Aufgrund dieser verschiedenen Rollen können Irritationen und Konflikte bei den involvierten Parteien entstehen. Die oben erwähnte Doppelrolle bedingt deshalb Augenmaß und Zurückhaltung bei den beratenden Interventionen. Um mögliche Wahrnehmungskonflikte zu vermeiden, ist zu empfehlen, dass dem Studierenden zu Beginn der Betreuung die Rolle als Betreuer transparent und klar kommuniziert wird.

Der Betreuer als Berater
Grundsätzlich sollen sich Interventionen darauf beschränken, inhaltlich und fachlich zweckmäßige Hinweise und lern- und prozessorientierte Impulse zu geben und so einen Rahmen zu schaffen, damit die Bachelorarbeit den Anforderungen entsprechend erfolg-

reich bewältigt werden kann. Den Studierenden soll bewusst werden, dass die Ausbildungssituation als Lerngelegenheit zu nutzen ist.

Aufgaben des Betreuers
- Hat den Gesamtlead des Teams inne, welches aus dem Betreuer, dem Ko-Betreuer und dem/der Studierenden besteht.
- Ist Ansprechperson der Studienleitung bei Fragen zur Bachelorarbeit.
- Gewährleistet die Einhaltung der vorgegebenen Prozesse. Dazu gehören namentlich auch die Meilensteine gemäß BA-Prozess und die Kontrolle und Genehmigung des Exposés/Research Proposals.
- Definiert die Kommunikationsform und -häufigkeit zwischen sich und dem Studierenden während des Prozesses (Sitzungsrhythmus, E-Mail, Kolloquien etc.).
- Orientiert die Studierenden zu Beginn der Zusammenarbeit über etwaige Abwesenheiten.
- Stellt sicher, dass die Sitzungs- und Nachbearbeitungszeiten, die pro Bachelorarbeit zur Verfügung stehenden Arbeitsstunden für die Vorbereitung, Betreuung und Korrektur nicht überschreiten.
- Ist Ansprechperson bei methodischen Fragen und kann sich bei Unklarheiten an den Verantwortlichen für wissenschaftliches Arbeiten in der Tourismus-Bachelorausbildung wenden.
- Beurteilt und bewertet die Arbeit gemäß vorgegebenen Bewertungskriterien. Die Beurteilung von Vorversionen oder die Vorkorrektur von Teilen der Arbeit ist unzulässig.
- Nimmt an der Präsentation/Verteidigung teil.
- Benotet die Bachelorarbeit zusammen mit dem Ko-Betreuer.

Aufgaben des Ko-Betreuers
- Reicht eine praxisrelevante Frage- oder Problemstellung im touristischen Kontext ein.
- Nimmt, zusammen mit dem Betreuer und dem/der Studierenden, am Kick-Off-Treffen teil, um ein korrektes Auftragsverständnis sicherzustellen.
- Ermöglicht den Zugang zu relevanten Informationen und Daten aus seinem Einflussbereich.
- Unterstützt den Studenten/die Studentin in praxisrelevanten Belangen und bei unternehmensbezogenen Fragen.
- Beurteilt und bewertet die Bachelorarbeit zusammen mit dem Betreuer gemäß vorgegebenen Bewertungskriterien. Die Beurteilung von Vorversionen oder die Vorkorrektur von Teilen der Arbeit ist unzulässig.

- Nimmt an der Präsentation/Verteidigung teil.
- Benotet die Bachelorarbeit zusammen mit dem Betreuer.

4. Kenntnisstand der Studierenden zum wissenschaftlichen Arbeiten
Während der ersten drei Semester des Bachelorstudiums erwerben die Studierenden in drei Pflichtlehrveranstaltungen Kenntnisse über die Grundlagen des wissenschaftlichen Arbeitens, über wissenschaftliche Forschungsmethoden und über empirische Sozialforschung. Untenstehende Tabelle fasst die Inhalte der drei aufeinander aufbauenden Module im ersten bis dritten Studiensemester zusammen:

Sem.	Modul	Beschreibung	Leistungsnachweis
1	Grundlagen wissenschaftliches Arbeiten	Kennenlernen, Verstehen, Anwenden der Grundlagen des wissenschaftlichen Arbeitens.	Schriftliches Exposé: Forschungsthema definieren, Literatur suchen, verarbeiten und korrekt dokumentieren. Verfassen eines Planungs- und Arbeitsberichts.
2	Wissenschaftliche Forschungsmethodik	Vertiefung und Erweiterung des Forschungsinstrumentariums, Aufbau und Elemente einer schriftlichen Studienarbeit.	Studienarbeit 1: Inhaltliche und konzeptionelle Planung/Umsetzung einer Untersuchung und deren formal korrekte Dokumentation.
3	Praxismodul empirische Sozialforschung	Verstehen und Umsetzen der Frage- und Fragebogentheorie, Befragungslogistik und praktischen Feldarbeit.	Studienarbeit 2: Erarbeitung eines Fragebogens inkl. Dokumentation des theoretischen/methodischen Konzeptes.
4	Diverse Module		Semesterarbeiten
5	Diverse Module		Semesterarbeiten
6	Bachelorarbeit		Bachelorarbeit

Als formelle Grundlage für den Aufbau, die Struktur, das Layout sowie Zitieren sind der Leitfaden für formale Aspekte wissenschaftlichen Arbeitens vom 16. September 2011 und die offizielle Vorlage für Bachelorarbeiten maßgebend. Die Richtlinien in diesem Leitfaden sind für die formale Beurteilung von Bachelorarbeiten verbindlich. Das Zitieren beruht dabei auf dem Autor/Datum-Prinzip des

APA-Standards. Für ein vereinfachtes Verweisen und Zitieren kann das EDV-Programm Citavi genutzt werden. Die Studierenden und Dozierenden haben dank einer Campuslizenz der HTW Zugang zur kostenlosen Nutzung. Im Weiteren werden für Studierende und Dozierende in regelmäßigen Abständen Informationsveranstaltungen zu Citavi organisiert.

5. Prozess zur Bachelorarbeit
Der Prozess zur Bachelorarbeit beginnt mit dem Start des 5. Semesters und dauert insgesamt 1 Jahr.

	Woche	**Verantwortung**	**Arbeitsschritt/Meilensteine**
Herbstsemester	1	Studiengangleiter Studierende	Kick-Off-Meeting für Studierende
	1-10	Student/-in	Selbstständige Themenfindung oder Bewerbung um Thema auf Themenliste
	4	Studiengangleiter	Publikation Themenliste
	5	Student/-in	Kontaktaufnahme mit Betreuer (bei Bewerbung für ein Thema der Themenliste)
	6	Betreuer/-in	Zuteilung des Themas an einen Studenten
	10	Student/-in	Def. Themeneingabe (Formular „Themenvorschlag“)
	12-14	Student/-in Betreuer/-in	Kontaktaufnahme durch Student/-in, Besprechung der Kooperation (Contracting) *Kommentar: Bis zum Semesterende haben die Studierenden ein erstes Gespräch mit ihrem Betreuer zu vereinbaren, um die Details zur Zusammenarbeit mit ihm zu besprechen. Der Betreuer achtet auch darauf, dass die Interessen des Ko-Betreuers bzw. des externen Partners gewahrt sind.*

Semesterpause	19	Betreuer	Verfassen und Unterzeichnen des Auftrags (Auftragsformular) △ *Kommentar: Auf Basis der ersten Kontaktaufnahme und der Diskussion mit dem Studierenden verfassen der Betreuer und der Co-Betreuer den schriftlichen Auftrag für die Bachelorarbeit. Der Auftrag regelt und informiert über das Thema, die Zielsetzungen, die Milestones, die Einreichung und die Bewertungskriterien und muss von allen Beteiligten unterzeichnet werden. Der Auftrag macht keine abschließenden Angaben zu den Forschungsmethoden.*
Frühlingssemester	25	Student, Betreuer, Ko-Betreuer	Kick-Off-Meeting zur Präzisierung von Thema, Fragestellung, Zielen und Vorgehen als Grundlage für das Exposé. △ *Kommentar: Das Kick-Off-Meeting dient der Präsentation erster Ideen durch den Studierenden über sein Auftragsverständnis, die Art und Weise, wie er das Thema bearbeiten will, sowie die Präzisierung der Fragestellung, des Vorgehens und der Ziele der Bachelorarbeit. Dieses Gespräch bildet die Grundlage für das verbindliche Exposé, das als Leitlinie für die Ausarbeitung der Bachelorarbeit dient.*
	28	Student	Einreichen des Exposé *Kommentar: Das fertige Exposé beinhaltet folgende Informationen:* *– Titel der Bachelorarbeit* *– Kurze Darstellung des Forschungsprojektes und Zusammenfassung der Problem-/Fragestellung:* ***Was*** *soll erforscht werden?* *– Zielsetzung der Arbeit sowie die wissenschaftliche und praktische Relevanz:* ***Warum*** *soll etwas erforscht werden?* *– Gewähltes methodisches Vorgehen, um das Ziel zu erreichen:* ***Wie*** *soll etwas erforscht werden?* *– Zeitplan* *– Bereits gesichtete Literatur* *Das Exposé umfasst 3-5 Seiten und bildet die verbindliche Grundlage für die Bachelorarbeit.*

	30	Betreuer	Rückmeldung und Bewilligung des Exposé △
	31-45	Student, Betreuer	Zwischengespräch(e), Kolloquium △ *Kommentar: Nach Freigabe des Exposés arbeitet der Student selbstständig. Zwischengespräche sind bilateral (zum Beispiel vor dem Start einer qualitativen Befragung) oder in Form eines Kolloquiums mit den Studierenden des gleichen Betreuers denkbar.*
	46	Student	Einreichen des Summary
	47	Student	Einreichen der Bachelorarbeit
	47-50	Betreuer, Ko-Betreuer	Korrektur und Bewertung der Bachelorarbeit ▲ *Kommentar: Der Betreuer und der Ko-Betreuer korrigieren und bewerten die Forschungsarbeit. Die durch die Studienleitung zur Verfügung gestellten Bewertungsschemata dienen als Grundlage und sind zwingend anzuwenden. Der Betreuer und der Ko-Betreuer einigen sich auf eine Note.*
	50	Student, Betreuer, Ko-Betreuer	Mündliche Präsentation der Bachelorarbeit, Prüfungsgespräch
	50	Betreuer, Ko-Betreuer	Abschließende Benotung, Mitteilen der Note ▲
	50-52	Student Betreuer	Abschlussgespräch auf Wunsch des Studenten △▲
			formatives Feedback △ summatives Feedback ▲

6. Auflistung aller relevanten Dokumente

- Semesterinformationen zur Bachelorarbeit
- Formular „Themenvorschlag"
- Auftragsformular
- Faktenblatt für Ko-Betreuer
- Leitfaden für formale Aspekte wissenschaftlichen Arbeitens
- Word-Vorlage für die Bachelorarbeit
- Bewertungsformulare

Quelle: Leitfaden für die Betreuung von Bachelorarbeiten im Studiengang Bachelor of Science in Tourism an der HTW Chur. Der Leitfaden wurde für die vorliegende Publikation leicht angepasst.

6 Bewerten von schriftlichen Arbeiten

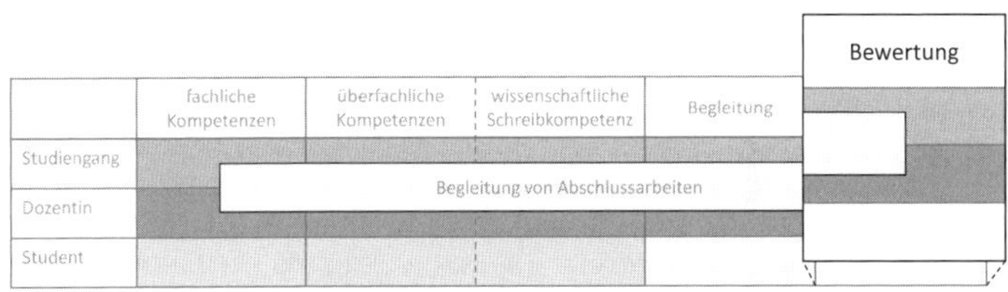

Abb. 15: Bewertung im Framework für die Begleitung von Abschlussarbeiten

Für Dozentinnen hat das Bewerten von schriftlichen Arbeiten häufig keinen vorrangigen Stellenwert. Sie verstehen sich als Forschende und Lehrende und empfinden die Rolle als Bewerterinnen, die Zensuren verteilen müssen, oft als Zusatzaufgabe. Für Studierende präsentiert sich die Situation umgekehrt: Noten haben für sie zwangsläufig eine hohe Relevanz, denn diese sind nicht nur eine Rückmeldung zur geleisteten Arbeit, sondern haben auch Einfluss auf den weiteren Karriereverlauf an der Hochschule und im Arbeitsmarkt. Um Studierenden in diesem Kontext gerecht zu werden, müssen Lehrende die Notengebung systematisch, transparent und seriös vornehmen.

6.1 Formen und Ziele von Rückmeldungen

Summative und formative Rückmeldungen

Bewerten heißt zunächst, sich ein begründetes Urteil über die Qualität eines Textes zu bilden. Dieses sollte in jedem Fall auf zuvor festgelegten und mitgeteilten Kriterien beruhen und mündet in eine Note oder in ein Prädikat wie „Bestanden – nicht bestanden“:

Meist ist eine Bewertung dabei mit einer Rückmeldung an den Verfasser des Textes verbunden, wobei zwei Formen von Rückmeldungen zu unterscheiden sind:

- Bei einer summativen Rückmeldung teilt die Dozentin dem Verfasser ihre abschließende Einschätzung zur Qualität der geleisteten Arbeit mit und begründet diese Bewertung. Dies geschieht insbesondere in der Schlussphase einer Betreuung (vgl. Kap. 5.4).
- Eine formative Rückmeldung zielt darauf ab, die Fähigkeiten des Autors zu entwickeln, sie ermöglicht ihm, seinen Text bei einer weiteren Überarbeitung zu verbessern oder bei vergleichbaren Texten in Zukunft ein (noch) besseres Niveau zu erreichen. Dies ist bei Abschlussarbeiten prototypisch während der eigentlichen Betreuung der Fall (vgl. Kap. 5.3).

An Hochschulen kommen summative und formative Rückmeldung selten unabhängig voneinander vor. Sie bilden vielmehr die Enden eines Kontinuums. Eine rein summative Rückmeldung liegt z.B. dann vor, wenn Studierende z.B. bei Abschlussprüfungen Texte verfassen und danach lediglich von der Note in Kenntnis gesetzt werden, mit denen der Text bewertet wurde. Rein formative Rückmeldungen liegen dann vor, wenn Studierende anhand eines Textes Hinweise für ihr weiteres Schreiben erhalten, ohne dass damit eine Bewertung verbunden ist. Viele Arbeiten, die im Studium verfasst werden, stehen dazwischen: Sie werden einerseits bewertet, andererseits sind sie Ausgangspunkt für ein formatives Feedback (Walzik 2012, Thomann 2013, Zimmermann 2014).

Unterschiedliche Ziele – unterschiedliches Vorgehen

Dozentinnen legen sich idealerweise immer Rechenschaft darüber ab, weshalb und mit welchen Zielen sie eine studentische Arbeit lesen. Sie ordnen ihre Tätigkeit im Feld zwischen Bewertung, summativer Rückmeldung und formativer Rückmeldung ein und überlegen sich, wie sie dieser Einordnung gerecht werden können. Dazu gehört insbesondere auch die Frage, ob und wie ein Text beim Lesen durch Kommentare und Korrekturen ergänzt werden soll.

Bei formativen Rückmeldungen sind ausführliche Kommentare besonders wichtig. Für den Studenten soll klar werden, ob und weshalb die Dozentin einen Gedanken, eine durchgeführte Messung, eine theoretische Verortung oder eine konkrete Textstelle für gut oder schlecht hält. Übt die Dozentin Kritik, so können Hinweise auf andere Vorgehensweisen oder alternative Formulierungen dem Studenten einen wichtigen Anhaltspunkt für Verbesserungen oder für künftige Arbeiten geben. Eine solche Bearbeitung bietet sich auch dann an, wenn zusätzlich ein mündliches Feedback erfolgt: Die schriftlichen Anmerkungen kann ein Student auch später in Ruhe nochmals durchgehen.

Bei Arbeiten, die primär in einem Prüfungskontext verfasst werden und die den Verfassern gar nicht mehr vorgelegt werden, erscheinen detaillierte Kommentare indes weniger nötig. Markierungen im Text können hier allenfalls dazu dienen, sich als Dozentin einen Überblick über die Stärken und Schwächen einer Arbeit zu verschaffen und so zu einer validen und reliablen Einschätzung der Textqualität zu gelangen. Solche Kommentare dokumentieren dann die Notenfindung, dienen aber nicht als formative Rückmeldung.

Werden studentische Arbeiten während des Studiums lediglich summativ bewertet, kann sich dies auf Motivation und Einstellungen der Studierenden negativ auswirken. Ein solches Vorgehen kann den Eindruck vermitteln, dass eine Hochschule ihre Ressourcen primär auf die Bewertung (und Selektion) der Studenten verwendet (Sacher 2004, Ingenkamp & Lissmann 2008). Dieser Eindruck kann insbesondere dann entstehen, wenn Dozierende aufgrund von großen Studentenzahlen keine Möglichkeit einer individuellen Betreuung haben. Deshalb sollten Studierende auch für Arbeiten, bei denen der Bewertungsaspekt im Vordergrund steht, zumindest eine kurze Rückmeldung erhalten (vgl. Zimmermann 2014). Dies zeigt den Studenten, dass ihre Arbeiten individuell gewürdigt und nicht nur im Rahmen einer „Prüfungslogik“ wahrgenommen wurden. Insbesondere in frühen Phasen des Studiums ist es wichtig, dass Studierende individuelle Rückmeldungen zu ihren Arbeiten erhalten, damit sie ihre eigene Leistungsfähigkeit im Studium realistisch einschätzen können.

Detaillierte und pauschale Rückmeldungen

Rückmeldungen zu schriftlichen Arbeiten können sich entweder zusammenfassend auf das Textganze oder detailliert auf einzelne Textstellen beziehen. Eine pauschale Rückmeldung nimmt eine zusammenfassende Einschätzung vor, während sich detaillierte Rückmeldungen entweder auf einzelne Überlegungen oder Arbeitsschritte oder - auf sprachlicher Ebene - auf Aspekte wie Textsortenkonformität, Stilregister oder Verständlichkeit beziehen. Zusammenfassende Rückmeldungen in schriftlicher oder mündlicher Form sind für Studierende in jeder Phase des Studiums wichtig: Sie helfen ihnen, die grundsätzlichen Qualitäten und Schwächen ihrer Arbeiten zu erkennen. Eine pauschale Rückmeldung erfolgt entweder schriftlich durch eine Würdigung der Arbeit, die über Anmerkungen zu einzelnen Textstellen hinausgeht, oder mündlich in einem Feedback-Gespräch (s. dazu auch Kap. 3.3).

Bei fortgeschrittenen Studentinnen, deren Arbeiten im sprachlichen Mikrobereich keine Mängel mehr aufweisen (sollten), können sich Dozentinnen auch auf ein pauschales Feedback beschränken und die Wort- und Satzebene nur noch punktuell und exemplarisch aufgreifen. Die Dozentinnen können sich dadurch auf die inhaltlichen Seiten einer Arbeit konzentrieren, und sie sparen Zeit, die sie z.B. für eine ausführlichere schriftliche oder mündliche pauschale Rückmeldung nutzen können. Den Studenten muss ein solches exemplarisches Vorgehen transparent gemacht werden.

Produkt- und Prozessbewertung

Die Bewertung bezieht sich meist auf eine fertige schriftliche Arbeit, die eingereicht wird. In einzelnen Fällen kann es aber auch sinnvoll sein, die Entstehung dieser Arbeit für die Bewertung heranzuziehen. Dies kann insbesondere dann sinnvoll sein, wenn Arbeiten einen hohen künstlerischen oder konstruktiven Anteil aufweisen und die fertige schriftliche Arbeit - das „Produkt" - nur einen unvollständigen Eindruck von der ihr zugrunde liegenden Leistung vermittelt.

Allerdings muss auch bei einer Prozessbewertung für alle Beteiligten klar ersichtlich sein, welche Kriterien herangezogen werden und wann die entsprechenden Beurteilungen vorgenommen werden. Dafür eignen sich z.B. Meilenstein-Sitzungen, bei denen die Betreuerin klar in die Rolle der Bewerterin wechselt und als solche die Arbeit der Studierenden würdigt. Eine ständige, beiläufige Bewertung bewährt sich nicht, da sie einen ehrlichen Austausch zwischen den Studierenden und der Betreuerin erschwert.

Bewertungen mitteilen

Studierende sollen auf alle schriftlichen Arbeiten eine Rückmeldung erhalten, die über das bloße Mitteilen der Note hinausreicht. Eine solche Rückmeldung dient als Begründung der Note (bei benoteten Arbeiten) bzw. hilft Studierenden, ihre eigenen Fähigkeiten angemessen einzuschätzen, sie gibt ihnen formativ Anhaltspunkte für weitere Arbeiten und stellt schließlich eine angemessene Reaktion auf den Aufwand der Studierenden dar.

Diese Form der Rückmeldung kann schriftlich in Form eines kurzen Gutachtens oder als zusammenfassende Rückmeldung in der Arbeit oder mündlich in einem Gespräch erfolgen (vgl. Kap. 5.4). Bei einem mündlichen, formativ ausgerichteten Feedback-Gespräch besteht allerdings die Gefahr, dass die Studierenden keinen nachhaltigen Nutzen daraus ziehen, weil sie sich rückblickend auf Fragen der Bewertung konzentrieren („Warum habe ich diese Note erhalten?"). Es kann daher sinnvoll sein, Studierende zum Mitschreiben aufzufordern und sie am Ende des Gesprächs um eine Zusammenfassung der Punkte zu bitten, die sie als „Lessons Learned" aus dem Gespräch mitnehmen.

Zudem kann es bei benoteten Arbeiten hilfreich sein, Studierenden die Note schon vor dem Feedback-Gespräch mitzuteilen. Die Studierenden können sich im Feedback-Gespräch dann auf die inhaltlichen Rückmeldungen konzentrieren. So haben sie auch die Möglichkeit, sich auf das Feedback einzustellen und z.B. bestimmte Fragen zu Teilaspekten der Benotung zu stellen.

6.2 Die Rolle der Bewerterin

Rollenkonflikt zwischen Begleiten und Bewerten

Die Begleitung und Bewertung von wissenschaftlichen Arbeiten erfolgt an Hochschulen i.d.R. in Personalunion: Die Dozentin, die eine Arbeit begleitet, übernimmt alleine (oder zusammen mit anderen) auch deren Bewertung. Diese Konstellation bietet Vorteile, birgt aber auch ein hohes Potenzial für Missverständnisse, Enttäuschungen und Abhängigkeiten. Dozentin und Student begegnen sich dabei in zwei grundsätzlich unterschiedlichen Beziehungen: Während der Begleitung steht die Dozentin dem Studenten tendenziell partnerschaftlich zur Seite, äußert konstruktive Kritik und zeigt Handlungsalternativen auf, belässt die Handlungsmacht aber letztlich beim Studenten (vgl. Kap. 4.2). Bei der Beurteilung ist sie ihm hierarchisch klar übergeordnet. Dieser Rollenwechsel kann in mehrfacher Form zu Irritationen und Wahrnehmungsverzerrungen führen (Thomann 2013, Zimmermann 2014):

- Als Begleiterinnen entwickeln viele Dozentinnen eine grundsätzlich positive, auf Chancen ausgerichtete Haltung und äußern Kritik zurückhaltend, um den – ggf. sowieso stockenden – Arbeitsprozess nicht zu bremsen. Bei der Beurteilung ist hingegen ein objektiver, kritischer Blick notwendig. Dies kann dazu führen, dass sich ein Student hintergangen fühlt, wenn seine Dozentin bei der Beurteilung „plötzlich" streng wird und Kritikpunkte anführt, die sie zuvor nie erwähnt hat. Es kann aber auch dazu führen, dass der Dozentin bei der Beurteilung die kritische Distanz fehlt, um auch Schwachpunkte der Arbeit zu erkennen und zu benennen. Hierzu kann auch der Zirkelschluss beitragen, eine Arbeit deshalb als gut einzustufen, weil man sie als Betreuerin selbst mitgestaltet hat und sich darin viele eigene Ideen finden.
- Während der Betreuung können sich unreflektierte Sympathien oder Antipathien bilden, die dann bei der Bewertung nicht ausgeblendet werden. Neben der Hemmung, einem an sich sympathischen Studenten schlechte Zensuren zu erteilen und ihm damit ggf. gewisse Karrierewege zu er-

schweren, kann umgekehrt eine strenge Bewertung ein Mittel sein, um einem Studenten die Quittung für eine als träge wahrgenommene Einstellung beim Verfassen der Arbeit zu präsentieren.

- Schließlich können auch institutionelle Abhängigkeiten und Eigeninteressen problematisch sein. Dies ist insbesondere dann der Fall, wenn ein Student auch in anderer Form von der Betreuerin abhängig ist – z.B. bei einem Doktoranden, der als Assistent angestellt ist – und/oder wenn eine Betreuerin auf die Resultate einer studentischen Arbeit angewiesen ist (vgl. Kap. 4.3). Solche Konstellationen können in vielfältiger Form dazu führen, dass die – in sich schon konfligierenden – Rollen der Betreuerin und der Bewerterin von anderen Faktoren überlagert werden und gar nicht mehr unabhängig zum Tragen kommen können.

Auswege aus dem Rollenkonflikt

Der Rollenkonflikt zwischen Begleiten und Bewerten lässt sich nur dann ganz vermeiden, wenn die beiden Funktionen institutionell getrennt sind. Doch auch wenn Begleitung und Bewertung von derselben Person vorgenommen werden, lässt sich der Konflikt zumindest teilweise entschärfen. Dabei sind klare Regeln und größtmögliche Transparenz von hoher Bedeutung. Entsprechende Maßnahmen sind im Idealfall curricular eingebettet und werden von allen Dozierenden eines Studiengangs oder einer bestimmten Hochschuleinheit einheitlich umgesetzt. Die meisten von ihnen lassen sich aber auch auf individueller Ebene implementieren.

Anwendung

- Machen Sie die unterschiedlichen Rollen, die Dozierende haben, schon vor oder zu Beginn der Betreuung in einer schriftlichen Anleitung, im Gespräch mit den Studierenden bzw. im Contracting zum Thema (vgl. Kap. 5.2). Legen Sie dar, welche Rechte und Pflichten die Studierenden während der Begleitung haben und wie sich die Beurteilung von der Begleitung abhebt.
- Machen Sie deutlich, an welchen Qualitätskriterien die fertige Arbeit gemessen wird.

- Vereinbaren Sie, inwiefern die Betreuung eine Hol-Schuld der Studierenden ist – dies überträgt die Verantwortung für das Gelingen der Arbeit den Studierenden – und inwiefern Sie als Betreuerin unaufgefordert intervenieren.
- Klären Sie die Zuständigkeiten bei der Beurteilung einer Arbeit und stellen Sie sicher, dass alle Beteiligten ein gemeinsames Verständnis davon haben. Dies ist insbesondere dann wichtig, wenn die Betreuung einer Arbeit z.B. durch Angehörige des Mittelbaus, die Beurteilung aber formal durch eine Lehrstuhlinhaberin erfolgt. In solchen Fällen muss für alle Beteiligten transparent sein, in welcher Form die eigentlichen Betreuerinnen bei der Notengebung beteiligt sind. Eine solche Beteiligung sollte in jedem Fall formalisiert sein und sich nicht auf eine informelle Nachfrage („Welche Note würdest du geben?“) beschränken.
- Verweisen Sie auch während der Begleitung ab und zu auf die spätere Bewertung, damit die Studierenden wissen, wo sie in etwa stehen. (*„Ihr Methodenkapitel ist korrekt und solide; für eine sehr gute Note müssten Sie noch ... “*).
- Machen Sie deutlich, welche Note für eine durchschnittliche Arbeit zu erwarten ist; legen Sie dar, dass bei Abschlussarbeiten das Niveau der Arbeiten naturgemäß höher ist als während des Studiums und dass daher die Ansprüche für gute und sehr gute Noten höher liegen.
- Vereinbaren Sie, wo die (zeitlichen und inhaltlichen) Grenzen der Betreuung sind – damit vermeiden Sie, dass Sie am Schluss gewissermaßen Ihre eigene Arbeit bewerten, weil Sie alle Teile der Arbeit schon detailliert kommentiert haben. Gewisse Hochschulen geben offizielle zeitliche Obergrenzen für die Betreuung von Arbeiten vor, und als einzelne Dozentin kann man festlegen, dass man z.B. nur auf gewisse Teile der Arbeit (z.B. die Einleitung und ein ausgewähltes Kapitel) detailliert Feedback gibt. Solche Vorgaben sind oft nicht nur aus didaktischen Gründen, sondern auch aus Gründen der individuellen Arbeitsbelastung sinnvoll.
- Legen Sie fest, ob sich die Bewertung auf die fertige Arbeit beschränkt oder ob auch die Leistungen während der Entstehung in die Bewertung einfließen (Produkt- vs. Prozessbewertung).
- Insbesondere bei umfangreichen Arbeiten sprechen einige Gründe dafür, vor dem Abgabetermin der Arbeit bzw. der Bewertung eine längere Zeitspanne festzulegen, in der keine Begleitung mehr stattfindet. Die Begleitung endet dann z.B. drei Wochen vor Abgabe einer Arbeit. Die zeitliche Distanz hilft allen Beteiligten, sich bei der Bewertung in einer neuen Rollenkonstellation zu begegnen. Sie führt aber auch dazu, dass Studierende in einer

Schlussphase selbstständig arbeiten (müssen) und die Dozentin letztlich nicht eine Arbeit bewertet, an der sie bis zum Schluss direkt oder indirekt mitgearbeitet hat.

- Bei der Bewertung von Arbeiten wirkt neben der Betreuerin häufig eine weitere Expertin mit. Die unterschiedlichen Perspektiven – eine Person kennt die Entstehung einer Arbeit, die andere kennt nur die fertige Arbeit – können dabei produktiv genutzt werden, wenn sie im Gespräch zwischen den Bewertenden offen angesprochen und situiert werden. Ggf. ergeben sich für die Bewertung unterschiedliche Schwerpunkte: So kann die externe Bewerterin z.B. die Stringenz und die thematische Entfaltung (den „roten Faden“) einer Arbeit besser beurteilen als die Betreuerin, die die Entstehung der Arbeit mitverfolgte. Dafür kann die Betreuerin wahrscheinlich die fachliche Leistung besser einschätzen, da sie über ein höheres Detailwissen verfügt und eher einen Quervergleich zu anderen Arbeiten anstellen kann. Wenn eine Prozessbewertung vorgesehen ist, stammt diese in jedem Fall nur von der Begleiterin.

6.3 Notengebung

Einheitliche Praxis

Eine angemessene Notengebung ist bei wissenschaftlichen Arbeiten anspruchsvoller als bei vielen anderen Leistungsnachweisen: Einerseits sind wissenschaftliche Arbeiten Ausdruck von zahlreichen, teilweise sehr unterschiedlichen und schwer operationalisierbaren Teilkompetenzen, und das Kriterium der fachlichen Richtigkeit, das bei Klausurprüfungen einen klaren Anhaltspunkt für die Bewertung gibt, tritt als qualitatives Distinktionsmerkmal in den Hintergrund. Andererseits sind wissenschaftliche Arbeiten immer Einzelleistungen, die sich nur allgemein mit anderen Arbeiten vergleichen lassen. Ein direkter Vergleich mit einer größeren Zahl anderer Arbeiten als Orientierung und (soziale) Norm ist also i.d.R. nicht möglich (vgl. Walzik 2012: 87-90).

Der unikale Charakter von wissenschaftlichen Arbeiten kann dazu führen, dass auch innerhalb eines Studiengangs oder einer anderen Hochschuleinheit Dozentinnen die Notengebung sehr unterschiedlich handhaben. Für Studierende stellt dies eine Form der Ungleichbehandlung dar, die durch passende Maßnahmen unterbunden werden sollte. So sollten die Dozierenden innerhalb eines Studiengangs – im Dialog und/oder durch Vorgaben der Leitungsgremien – ein gemeinsames Verständnis dafür entwickeln, mit welcher Note eine durchschnittliche Arbeit honoriert wird und welche Bandbreite für bessere und schwächere Arbeiten genutzt werden soll. Die Dozierenden sind dann gehalten, ihre Noten im langjährigen Mittel auf diese Werte auszurichten. Wörtliche Paraphrasen (z.B. *„Die Erwartungen an die Arbeit werden klar erfüllt, aber nicht deutlich übertroffen“*) können helfen, sich über die Qualitätsvorstellungen, die mit einzelnen Notenwerten verbunden sind, auszutauschen. Dazu können detaillierte Bewertungsraster herangezogen werden.

Eine andere Möglichkeit, die Notengebung innerhalb eines Kollegiums einheitlich(er) zu gestalten, ist die Überprüfung von ungenügenden oder besonders guten Noten durch einen Ausschuss. Bei diesem System schlagen einzelne Dozierende z.B. vor, eine Arbeit mit der Bestnote auszuzeichnen. Bevor die Note gesetzt wird, überprüft ein Gremium, ob die Note auch im Vergleich mit anderen sehr guten Arbeiten berechtigt ist. Dieses Vorgehen beschränkt allerdings die Kompetenz der Dozierenden, Noten abschließend festzusetzen. Alternativ dazu kann daher diese Kompetenz zwar bei den Dozierenden verbleiben, aber mit der Auflage verbunden werden, ungenügende und besonders gute Noten in einem kurzen Bericht zu begründen. Auch dieses System trägt zum Bewusstsein bei, dass besonders schlechte oder gute Noten einen Ausnahmefall darstellen (sollen).

Bewertung von Gruppenarbeiten

An vielen Hochschulen werden wissenschaftliche Arbeiten heute in Zweier- oder Dreiergruppen verfasst. Dies bietet zahlreiche Vorteile: Es ermöglicht den Studierenden, umfangreichere und damit interessantere Themen in Angriff zu nehmen, schafft reale Bedingungen für eine Anwendung (und idealerweise auch eine systematisch angeleitete Reflexion) der eigenen Sozial- und Kommunikationskompetenzen und bildet die Arbeitsbedingungen im späteren Berufsleben adäquater ab, was insbesondere für berufsqualifizierende Studiengänge von Vorteil ist. Zudem müssen die Planung und die einzelnen Phasen und Arbeitsschritte einer wissenschaftlichen Arbeit in Gruppenarbeiten explizit koordiniert werden, was eine bewusste Wahrnehmung dieser Elemente unterstützt (Metzger/Nüesch 2004: 38-39). Seitens der Hochschule reduzieren Gruppenarbeiten den Zeitaufwand für Betreuung und Bewertung, da eine Gruppenarbeit i.d.R. nicht wesentlich mehr Zeit in Anspruch nimmt als eine Einzelarbeit.

Gegen Gruppenarbeiten spricht einerseits, dass Leistungsnachweise rechtlich zumindest implizit nach wie vor als Einzelarbeiten konzipiert sind. Klare Regelungen für Gruppenarbeiten sind bisher kaum anzutreffen: Oft legen sich die entsprechenden Prüfungsordnungen gar nicht fest, und einige Hochschulen schließen benotete Gruppenarbeiten explizit aus. Andererseits bergen Gruppenarbeiten auch die Gefahr unerwünschter Nutznießung, bei der einzelne Gruppenmitglieder von den guten Leistungen der anderen profitieren, ohne quantitativ oder qualitativ einen gleichwertigen Anteil zur gemeinsamen Arbeit beizutragen.

Anwendung

Klären Sie die folgenden Fragen, wenn Sie Gruppenarbeiten als (notenrelevante) Leistungsnachweise einfordern, und teilen Sie die Regelungen, die Sie dazu treffen, auch den Studierenden mit.

- Entscheiden Sie sich bewusst dafür, ob Sie die Gruppeneinteilung vorgeben oder ob sich die Studierenden selbst gruppieren können. Für eine vorgegebene Gruppeneinteilung spricht, dass die Zusammenarbeit mit beliebigen Personen anspruchsvoller (und in Hinblick auf eine Berufstätigkeit auch realitätsnäher) ist und die Studierenden dadurch im Bereich der überfachlichen Kompetenzen stärker fordert. Allerdings ist das Risiko größer, dass es in der Gruppe zu Spannungen kommt und sich daraus (im Hinblick auf die Bewertung auch rechtliche) Probleme ergeben. Eine vorgegebene Gruppeneinteilung bietet sich daher eher für kleinere Arbeiten an.
- Können Studierende die Gruppeneinteilung selbst wählen, steigt i.d.R. die Identifikation mit der Gruppe (und damit die Akzeptanz einer kollektiven Bewertung). Dies bietet sich für größere Arbeiten und für Situationen an, in denen sich die Studierenden gut

kennen. Die Studierenden können dabei Gruppen mit ähnlichen Werten, (Noten-)Zielen und Arbeitsweisen bilden – erfahrungsgemäß ergeben sich dadurch erstaunlich leistungshomogene Gruppen, was das Risiko von einseitigen Nutznießern reduziert.

- Halten Sie fest, was passiert, wenn ein Gruppenmitglied (z.B. wegen eines Unfalls oder weil es das Studium abbricht) aus der Gruppe ausscheidet. In solchen Fällen kann – je nach Situation und Zeitpunkt – z.B. eine neue Gruppenbildung, eine Verschiebung des Abgabedatums oder eine Reduktion der erwarteten Leistungen erfolgen. Eine „Kollektivhaftung", die das Risiko eines personellen Ausfalls einseitig den anderen Gruppenmitgliedern aufbürdet („Sie müssen sich so organisieren, dass Sie in jedem Fall die Arbeit vollständig und termingerecht abgeben können"), ist didaktisch und rechtlich fragwürdig und entspricht im Übrigen auch nicht der Realität, mit der die Studierenden im späteren Berufsleben konfrontiert sind.
- Legen Sie für den (seltenen) Fall, dass in einer Gruppe unüberbrückbare Differenzen auftreten, klare Abläufe fest: Geben Sie der Gruppe zunächst die Möglichkeit, eine Mediatorin – Sie als Betreuerin oder eine andere Person – anzurufen. Ein Gespräch kann dann zu Klärungen und verbindlichen Abmachungen führen. Entschärft sich die Situation nicht, muss eine Gruppe als letztes Mittel die Möglichkeit haben, sich von einem Gruppenmitglied zu trennen. Dann ist festzulegen, ob und wie die Beteiligten die Arbeit fortsetzen können.

Häufig fallen die (primär didaktischen und praktischen) Vorteile im Vergleich zu den (primär rechtlichen) Nachteilen und Unsicherheiten stärker ins Gewicht und rechtfertigen so Gruppenarbeiten. Klare Regeln und Vorgaben bei der Konzeption von Gruppenarbeiten tragen dazu bei, die Nachteile zu minimieren.

Bei Gruppenarbeiten müssen nicht zwingend alle Mitglieder einer Gruppe die gleiche Note erhalten. Es gibt im Wesentlichen zwei Möglichkeiten, innerhalb einer Gruppe eine differenzierte Notengebung zu erreichen:

- Bei der ersten Möglichkeit wird eine gruppeninterne Differenzierung den Studierenden selbst überlassen, da diese die quantitativen und qualitativen Anteile an der gemeinsamen Arbeit am besten einschätzen können. Dazu teilt jedes Mitglied der Gruppe bei der Abgabe der Arbeit (und damit vor der Bewertung) der Betreuerin mit, ob es eine gemeinsame

Gruppennote für gerechtfertigt hält oder ob es eine Differenzierung wünscht. Die Plus- und Minuswerte der Differenzierung, die ein Gruppenmitglied vorschlägt, müssen sich dabei ausgleichen. Die Gruppenmitglieder legen jeweils individuelle Anträge vor, die aber allen Beteiligten mitgeteilt werden. Dieses System ermöglicht es Gruppen nicht nur, träge Mitglieder „abzustrafen", sondern es gibt den Studenten vor allem auch die Möglichkeit, die besonderen Leistungen eines Kollegen positiv zu würdigen. Solche Differenzierungen erfolgen daher, wenn sie von Studierenden in Anspruch genommen werden, häufig auch einvernehmlich.

- Bei der zweiten Möglichkeit reicht eine Gruppe zwar gemeinsam eine Arbeit ein. Danach werden die Mitglieder der Gruppe aber einzeln zu Prüfungsgesprächen eingeladen, bei denen sie zur gesamten Arbeit befragt werden – unabhängig davon, welche Teile sie zur Arbeit beigesteuert haben. Dies gibt den Prüferinnen deutliche Anhaltspunkte dafür, ob sich die Mitglieder einer Gruppe mit ähnlicher Intensität für die Arbeit engagiert haben und ob sie über ein vergleichbares fachliches Wissen verfügen. Die Schlussnote kann sich dann aus einer gemeinsamen Note für die Arbeit und einer individuellen Note für die mündliche Prüfung zusammensetzen.

6.4 Bewertungskriterien

Die Bewertung von wissenschaftlichen Arbeiten erfolgt anhand bestimmter Qualitätskriterien, die den Studierenden bekannt und vertraut sind. Die Komplexität von wissenschaftlichen Arbeiten und die Unterschiede, die sich auch innerhalb einer Disziplin je nach Fragestellung und Ausrichtung einer Arbeit ergeben können, machen es allerdings schwierig, detaillierte Kriterienraster zu erstellen, die in allen Fällen sinnvoll anwendbar sind (Walzik 2012, Metzger/Nüesch 2004: 30-31).

Detaillierte Kriterienraster

Detaillierte Kriterienraster geben die Gütekriterien vor, nach denen Arbeiten bewertet werden, und legen ggf. auch die Gewichtung dieser Kriterien fest. Eigentliche Bewertungsraster (bzw. englisch „Rubrics") enthalten zudem für alle Kriterien möglichst konkrete Umschreibungen, mit denen Leistungen den einzelnen Punktezahlen oder Teilnoten zugeordnet werden können (Lissmann 2007). Solche detaillierten Vorgaben erleichtern die Bewertung einer Arbeit und tragen dazu bei, dass Arbeiten auch von unterschiedlichen Dozierenden ähnlich bewertet werden. Allerdings lassen sie sich nicht in allen Situationen gleich gut einsetzen. Sie kommen vor allem dann zum Tragen,

- wenn die Arbeiten, die anhand des Kriterienrasters beurteilt werden, große Ähnlichkeiten aufweisen
- wenn für diese Arbeiten thematisch und strukturell klare Rahmenbedingungen gegeben sind
- wenn die Arbeiten auf einem normalen Komplexitätsniveau angesiedelt sind
- wenn innerhalb einer Disziplin große Einigkeit darüber besteht, was eine „gute" Arbeit auszeichnet.

Je besser diese Bedingungen erfüllt sind, desto besser kann ein detailliertes Kriterienraster zu einer adäquaten Bewertung beitragen. In anderen Fällen kann es sinnvoller sein, die Gewichtung der einzelnen Kriterien offenzulassen und auf eine Umschreibung der Leistungen für einzelne Notenwerte zu verzichten. Dies ist insbesondere dann der Fall, wenn die Vorgaben für eine Arbeit sehr offen sind oder eine Arbeit ein überdurchschnittliches Komplexitätsniveau aufweist (vgl. Zimmermann 2014). In solchen Fällen kann bei der Bewertung eine individuelle Gewichtung der Kriterien erfolgen.

Beispiel: Bewertungskriterien für wissenschaftliche Arbeiten im Studiengang Kommunikation der Zürcher Hochschule für Angewandte Wissenschaften			
Kategorie	**Kriterien**	Pkt. mögl.*	Pkt. erreicht*
Thema und Fragestellung	Wird klar, was untersucht wird? Wird klar, welches Ziel die Arbeit verfolgt? Ist die Fragestellung klar und prägnant formuliert?	10	
Ausgangspunkt und Bezugsrahmen	Wird klar, weshalb gerade dieses Thema untersucht/diese Fragestellung bearbeitet wird? Wird ein sinnvoller Bezug zum bestehenden Wissen der Disziplin hergestellt (Anbindung an den aktuellen Forschungsstand)?	10	
Vorgehen	Wird klar, wie das Thema untersucht/die Fragestellung bearbeitet wird? Werden dazu adäquate Modelle/Theorien/ Konzepte/Methoden herangezogen? Werden die Modelle/Theorien/Konzepte/Methoden angemessen und nachvollziehbar beschrieben? Werden die Modelle/Theorien/Konzepte/Methoden angemessen und korrekt auf das vorliegende Thema/die vorliegende Fragestellung angewendet?	10	
Resultate	Werden die Ergebnisse der Arbeit nachvollziehbar und verständlich dargestellt? Wird das Ziel der Arbeit erreicht/die Fragestellung beantwortet? Werden die Teilergebnisse (erhobene Daten o. Ä.) der Arbeit sinnvoll interpretiert? Führt die Arbeit zu aufschlussreichen Ergebnissen? Werden die Ergebnisse der Arbeit sinnvoll in das bestehende Wissen der Disziplin eingeordnet? Wurde das Potenzial, das dem Thema bzw. der Fragestellung inhärent ist, ausgeschöpft?	20	
Formalia	Entspricht der Umgang mit fremdem Wissen den Konventionen (Zitierweise, Literaturverzeichnis)? Entspricht die Gestaltung der Arbeit den Vorgaben des Instituts (Titelblatt, Verzeichnisse, Layout, Umfang etc.; vgl. Leitfaden) Ist die Darstellung der Inhalte einheitlich? Sind Abbildungen, Grafiken und Tabellen korrekt in den Text eingebunden?	20	

Sprachliche Umsetzung	Ist die Arbeit verständlich formuliert? Entspricht die Arbeit stilistisch den Konventionen wissenschaftlicher Arbeiten? Ist die Arbeit in Bezug auf Grammatik, Orthografie und Interpunktion korrekt?	20	
Gesamteindruck		10	
Total		**100**	

** bei Arbeiten im 1.-5. Semester; bei Bachelorarbeiten kommen die Kriterien ohne eine Gewichtung durch Punkte zur Anwendung.*

Quelle: Kriterienraster für die Bewertung von studentischen Arbeiten im Studiengang Kommunikation der Zürcher Hochschule für Angewandte Wissenschaften. Der Leitfaden wurde für die vorliegende Publikation leicht angepasst.

Minimale Anforderungen

Wenn Kriterienraster eine Gewichtung der einzelnen Kriterien vorgeben, kann sich eine genügende oder sogar gute Gesamtbeurteilung ergeben, auch wenn in einzelnen Bereichen klar ungenügende Leistungen vorliegen. So kann z.B. eine genügende Schlussbeurteilung resultieren, wenn eine Arbeit in Bezug auf Fragestellung, theoretische Verortung, methodisches Vorgehen und Resultate geglückt ist, obschon in der ganzen Arbeit fremde Literatur nicht korrekt zitiert wird oder die Arbeit übermäßig viele Rechtschreibfehler enthält.

Bei Arbeiten zu Studienbeginn, bei denen Studierenden im Sinne eines kontinuierlichen Lernprozesses auch ein Recht auf grundsätzliche Fehler zuzugestehen ist, erscheint eine solche Bewertung sinnvoll. Vor allem bei Abschlussarbeiten, mit denen Studierende ihre Kompetenzen in allen Teilbereichen des wissenschaftlichen Arbeitens dokumentieren, kann diese Bewertungsform indes problematisch sein. Eine Möglichkeit, um einer solchen „verzerrten" Beurteilung entgegenzuwirken, liegt in der Definition von minimalen Anforderungen für alle Kriterien. Eine Arbeit gilt dabei nur dann als bestanden, wenn in allen Teilkriterien eine minimale Punktzahl erreicht wird.

7 Zusammenfassung

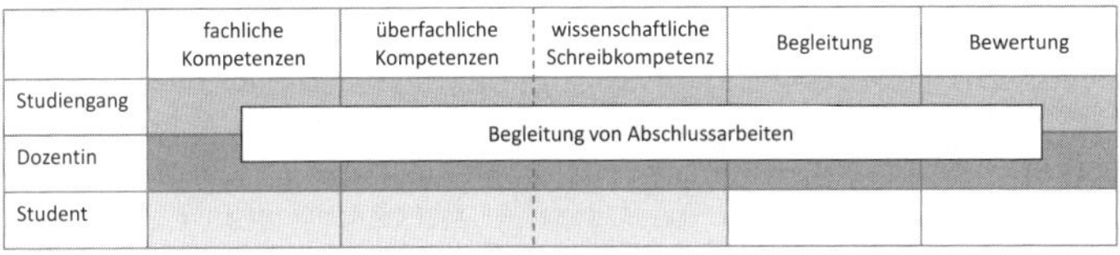

	fachliche Kompetenzen	überfachliche Kompetenzen	wissenschaftliche Schreibkompetenz	Begleitung	Bewertung
Studiengang					
Dozentin					
Student					

Begleitung von Abschlussarbeiten

© 2015 Buff Keller/Jörissen: Abschlussarbeiten

Abb. 16: Framework für die Begleitung von Abschlussarbeiten

Ausgehend vom Framework zur Betreuung von Abschlussarbeiten werden im Folgenden die wichtigsten Aspekte einer guten Betreuung auf der Ebene des Studiengangs, der Dozierenden und der Studierenden rekapituliert. Die Ausführungen beschreiben dabei einen Idealzustand, der in der Realität oft an institutionelle, personelle oder individuelle Grenzen stößt. Sie möchten damit Möglichkeiten und Anregungen aufzeigen, wie und wo Strukturen und Betreuung verbessert werden können, haben aber keinesfalls den Anspruch, dass eine einzelne Dozentin alle geschilderten Maßnahmen ausnahmslos umsetzen kann.

7.1 Ebene Studiengang

Idealerweise ist ein Studiengang so aufgebaut, dass während des Studiums im Sinne des Constructive Alignment alle fachlichen und überfachlichen Kompetenzen, die für das Qualifikationsprofil eines Studienganges relevant sind, thematisiert und trainiert werden. Die Studierenden können diese Kompetenzen dann im Rahmen der Abschlussarbeit umfassend anwenden, und diese können schließlich auch in eine Beurteilung einfließen. Die Vermittlung von überfachlichen Kompetenzen wie wissenschaftlichen Methoden, wissenschaftlichem Schreiben, Präsentieren, Projektmanagementkompetenz, Selbst- und Stressmanagement gelingt oft dann besonders gut, wenn sie in Fachveranstaltungen integriert und transferorientiert ist.

Ein Studiengang sollte die Lernziele bzw. Kompetenzen, die im Rahmen einer Bachelor- oder Masterarbeit gezeigt und geprüft werden, im entsprechenden Modul ausweisen. Die Bewertungskriterien, an welchen die Abschlussarbeit gemessen wird, müssen von den Studiengangverantwortlichen verbindlich festgesetzt und sowohl den Betreuenden als auch den Studierenden kommuniziert werden. Es ist sinnvoll, von Zeit zu Zeit zu überprüfen, ob die Kriterien die geforderten Kompetenzen auch fair und valide abbilden.

Mit Einführungsveranstaltungen können sowohl Studierende als auch Dozierende gezielt und effizient über die inhaltlichen und organisatorischen Rahmenbedingungen von Abschlussarbeiten informiert werden. Kolloquien für Masterstudierende bieten Studierenden die Möglichkeit, ihre (vorläufige) Arbeit in einem halböffentlichen Rahmen vorzustellen und erste Erfahrungen mit der Vortrags- und Diskussionskultur ihres Faches zu sammeln. Größere Schlusspräsentationen zu Bachelor- oder Masterarbeiten können ein forschungsorientiertes Lernen in einer feierlichen Atmosphäre für alle Studierenden und Dozierenden eines Studienganges sichtbar und erlebbar machen.

Auch an Hochschulen ist es sinnvoll, für die Betreuerinnen von Abschlussarbeiten – insbesondere auch für Assistierende und jüngere Lehrende – Weiterbildungskurse zur Begleitung von Studierenden und zur Vermittlung von wissenschaftlicher Textkompetenz oder anderen überfachlichen Kompetenzen anzubieten. Ein durch Coaches begleiteter Erfahrungsaustausch oder begleitete kollegiale Beratungen bilden ein ideales Gefäß für Betreuende, um ihre konkreten Betreuungssituationen und Schwierigkeiten fortlaufend reflektieren und bearbeiten zu können. In schwierigen Situationen kann auch ein Einzelcoaching zur Problem- oder Konfliktlösung beitragen.

7.2 Ebene Dozierende

Den Assistierenden, Professorinnen und Dozenten, welche die Studierenden bei ihren Abschlussarbeiten betreuen, kommt eine Schlüsselrolle zu. Ihre fachlichen und überfachlichen Kompetenzen und ihre Persönlichkeit spielen eine sehr wichtige Rolle für das Gelingen einer guten Betreuung. Dabei befinden sie sich häufig in einer regelrechten Sandwich-Position: Sie stellen das Bindeglied zwischen den (nicht immer idealen) Rahmenbedingungen seitens des Studienganges und der Hochschule und den betreuten Studierenden dar. Da eine Betreuerin oft mehrere Studierende gleichzeitig betreut, gilt es allerdings immer auch abzuwägen, wie viel Energie und Zeit in den Betreuungsprozess investiert werden kann.

Betreuende können sich auf diese Aufgabe vorbereiten, indem sie sich einerseits erkundigen, welche Vorgaben und Dokumente zu Bachelor- oder Masterarbeiten in einem Studiengang bestehen und in welcher Form die Studierenden im Laufe des Studiums die notwendigen Kompetenzen für eine wissenschaftliche Abschlussarbeit erwerben konnten. Andererseits können sie ein individuelles Betreuungskonzept erstellen, das für sie eine Leitlinie für eine gute Betreuung darstellt. Und nicht zuletzt: Betreuerinnen können ihre überfachlichen Kompetenzen z.B. im Projektmanagement oder in der Gesprächsführung kontinuierlich vertiefen und in Weiterbildungskursen gezielt schulen.

Dabei soll auch die (didaktische) Frage zum Tragen kommen, wie Dozierende ihre meist implizit erworbenen überfachlichen Kompetenzen als explizierbares Wissen zur Verfügung stellen und ihr Handeln reflektieren können. Wir plädieren in diesem Buch also dafür, dass Dozierende überfachliche Kompetenzen nicht nur als Handlungswissen, sondern als explizierbares Wissen abrufen können oder – so das nicht möglich ist – in einem Co-Teaching gezielt entsprechende Expertinnen einbinden.

Wichtig für eine gute Betreuung, aber auch für die Motivation und Zufriedenheit von Betreuerin und Student ist eine ausgeprägte Beziehungskompetenz der Betreuerin. Dazu gehört auch der Wunsch und die Freude, junge Menschen auf ihrem Weg in die akademische Welt ein Stück weit begleiten und motivieren zu dürfen.

7.3 Ebene Studierende

Werden in einem Studiengang die fachlichen und überfachlichen Kompetenzen kontinuierlich eingeführt, gelehrt, trainiert und angewendet, so haben die Studierenden gute Chancen, eine Abschlussarbeit sowohl fachlich als auch bezüglich der überfachlichen Fähigkeiten und Kompetenzen erfolgreich zu erstellen. Sie müssen die Rahmenbedingungen und Vorgaben auch selbst zur Kenntnis nehmen und im vorgegebenen Rahmen bei den Betreuungspersonen die benötigte Unterstützung einfordern (können). Stellen Studierende fachliche oder methodische Lücken fest, sollten diese – z.B. mit einer zusätzlichen Lehrveranstaltung, einem Kurs oder im Selbststudium – rasch geschlossen werden. Bei auftretenden fachlichen Schwierigkeiten sollten auch die Studierenden die Initiative für eine Klärung übernehmen. Wenn Studierende regelmäßig Feedback einholen, können sie überprüfen, ob sie in Hinblick auf ihre Abschlussarbeit auf Kurs sind.

7.4 Checkliste für Dozierende

Die folgenden Fragen helfen Ihnen, während der Betreuung von Studierenden bei Abschlussarbeiten die entscheidenden Aspekte im Auge zu behalten:

- Gibt es eine Modul-Ausschreibung zu der Abschlussarbeit, die Sie betreuen?
- Wie lauten die genauen Lernziele, die der Studiengang für Abschlussarbeiten vorgibt?
- Welche Bewertungskriterien formuliert der Studiengang für Abschlussarbeiten?
- Wie funktioniert der Studiengang, in dem die Arbeit erstellt wird? Wo und wie konnte der betreute Student die für die Abschlussarbeit geforderten fachlichen und überfachlichen Kompetenzen erwerben? Klären Sie diese Fragen insbesondere dann, wenn Sie selbst an einer anderen Hochschule studiert haben.
- Welche Vorgaben, Aufgaben und Kompetenzen sind seitens der Hochschule oder des Studienganges mit einer Betreuung von Studierenden bei Abschlussarbeiten verbunden?
- Kennen Sie die im Studiengang oder am Lehrstuhl vorhandenen Leitfäden, Dokumente und Vorgaben, die für Betreuende und

Studierende verbindlich sind? Haben Sie die Inhalte der Dokumente in Ihr Konzept integriert?
- Sind alle relevanten Dokumente zur Abschlussarbeit für die Studierenden zugänglich und ausreichend kommentiert worden?
- Sind mehrere Betreuungspersonen involviert? Wer koordiniert? Wer führt diese Zusammenarbeit (lateral oder hierarchisch)?
- Wer wird am Schluss die Arbeit beurteilen und benoten?
- Haben Sie die Erfahrungen, die Sie selbst als Student/-in oder Doktorand/-in bei der Betreuung von Arbeiten gemacht haben, reflektiert und daraus angemessene Konsequenzen für Ihre Arbeit als Betreuer/-in gezogen?
- Haben Sie ein individuelles Betreuungskonzept erstellt oder sich bewusst dafür entschieden, auf ein solches Konzept zu verzichten?
- Haben Sie sich Gedanken darüber gemacht, wie Sie Ihre Studierenden in Ihre Forschungsarbeit einbinden können und wie Sie die Balance zwischen einer eigenständigen Arbeit des Studenten und einer Mitarbeit in Ihrem Projekt gestalten können?
- Haben Sie Vorstellungen dazu, was Sie im Erstgespräch mit dem Studenten erwähnen und wie Sie dieses führen möchten?
- Wie möchten Sie das Contracting gestalten? Was ist Ihnen dabei wichtig, und was ist im Studiengang üblich?
- Wie möchten Sie die Meilenstein- und Feedbackgespräche führen? Was ist Ihnen dabei wichtig?
- Wann möchten Sie formatives und wann summatives Feedback geben?
- Werden Sie ein Abschlussgespräch führen? Zu welchem Zeitpunkt findet dieses statt? Wie möchten Sie dieses gestalten? Welche Themen sollen angesprochen werden?
- Wann und wie erfährt der Student die Note seiner Abschlussarbeit?
- Wie wird der Abschluss allgemein gestaltet werden? Gibt es eine (Poster-)Präsentation oder ein Prüfungsgespräch?
- Haben Sie für die Betreuung einen Zeitplan erstellt? Wie können Sie die Betreuung mit Ihren anderen Aufgaben in Einklang bringen?
- Haben Sie die Möglichkeit, sich (bei einem Erfahrungsaustausch, bei Institutstagungen, bei Weiterbildungen etc.) über Ihre Betreuung auszutauschen, und können Sie bei Schwierigkeiten auf die Unterstützung von Kolleginnen und Kollegen zählen?
- Wann würden Sie die Betreuung als Erfolg bezeichnen?
- Macht es Ihnen Spaß, Studierende bei ihren Abschlussarbeiten zu betreuen? Warum (nicht)?
- Fühlen Sie sich fachlich, persönlich und in Bezug auf überfachliche Kompetenzen und wissenschaftliches Schreiben in der Lage, Studierende bei ihren Abschlussarbeiten angemessen zu betreuen?

8 Schlusswort

Geschätzte Leserinnen und Leser

Wir hoffen, dass Ihnen das vorliegende Buch neue Perspektiven auf die Betreuung von Abschlussarbeiten eröffnen konnte. Wir wünschen Ihnen viel Freude und Genugtuung, aber auch Gelassenheit, wenn Sie Ihre Studentinnen und Studenten künftig bei Bachelor- und Masterarbeiten begleiten.

Wenn Sie Ergänzungen zu unserem Buch oder weitere Erfahrungen zur Betreuung von Abschlussarbeiten haben, freuen wir uns, mit Ihnen darüber ins Gespräch zu kommen.

Eva Buff Keller, Stefan Jörissen

9 Literatur

Anderson, L. W.; Krathwohl, D. R.; Airasian, P. W.; Cruikshank, K. A.; Mayer, R. E.; Pintrich, P. R.; Rath, J.; Wittrock, M. C. (Hrsg.) (2001): A Taxonomy for Learning, Teaching, and Assessing. A Revision of Bloom's Taxonomy of Educational Objectives. New York: Longman.

Arbeitsstelle für Hochschuldidaktik der Universität Zürich (2006): Lern-Portfolio. Dossier Unididaktik 1/06. Download: www.hochschuldidaktik.uzh.ch > Materialien > Dossiers [Stand: 21. Nov. 2014].

Arbeitsstelle für Hochschuldidaktik der Universität Zürich (2010): Überfachliche Kompetenzen. Dossier. Download: www.hochschuldidaktik.uzh.ch > Materialien > Dossiers [Stand: 21. Nov. 2014].

Arnold R.; Gonon, P. (2006): Einführung in die Berufspädagogik. Opladen: Budrich.

Bauer, J. (2008): Prinzip Menschlichkeit. Warum wir von Natur aus kooperieren. München: Heyne.

Biggs J.; Tang, C. (2011): Teaching for Quality Learning at University. What the Student Does. Philadelphia, PA: McGraw-Hill/Society for Research into Higher Education.

Brall, S. (2009): Überfachliche Kompetenzanforderungen in den Ingenieurswissenschaften. Eine Literaturanalyse. RWTH Aachen. Download: http://www.webcitation.org/5mDRrYZkD [Stand: 21. Nov. 2014].

Bräuer, G. (2014): Das Portfolio als Reflexionsmedium für Lehrende und Studierende. Opladen: Budrich.

Buff Keller, E. (2009): P 22 – Fachübergreifende Handlungskompetenzen. Die Rolle der Hochschuldidaktik bei der Implementierung von überfachlichen Kompetenzen an der ETHZ. Interner Bericht zuhanden der Rektorin der ETHZ. Unveröffentlicht.

CRUS/KFH/cohep [Rektorenkonferenz der Schweizer Universitäten, Rektorenkonferenz der Fachhochschulen der Schweiz, Schweizerische Konferenz der Rektorinnen und Rektoren der Pädagogischen Hochschulen] (2011): Qualifikationsrahmen für den schweizerischen Hochschulbereich. Download: www.crus.ch > Qualifikationsrahmen (nqf.ch-HS) > Qualifikationsrahmen nqf.ch-HS (Dokument als PDF) [Stand: 21. Nov. 2014].

Furchner, I.; Ruhmann, G.; Tente, C. (2003): Von der Schreibberatung für Studierende zur Lehrberatung für Dozenten. In: O. Kruse, E.-M. Jakobs, G. Ruhmann (Hrsg.), Schlüsselkompetenz Schreiben. Konzepte, Methoden, Projekte für Schreibberatung und Schreibdidaktik an der Hochschule. Bielefeld: Universitätsverlag Webler. S. 61-72.

Girgensohn, K.; Sennewald, N. (2012): Schreiben lehren, Schreiben lernen. Eine Einführung. Darmstadt: Wissenschaftliche Buchgesellschaft.

González, J.; Wagenaar, R. (2005): Tuning Educational Structures in Europe II. Universities' contribution to the Bologna Process. Bilbao: Universidad de Deusto.

Grieshammer, E.; Liebetanz, F.; Peters, N.; Zegenhagen, J. (2013): Zukunftsmodell Schreibberatung. Eine Anleitung zur Begleitung von Schreibenden im Studium. Baltmannsweiler: Schneider Verlag Hohengehren.

Grimm, J.; Grimm, W. (1885): Meisterstück. In: Deutsches Wörterbuch von Jacob und Wilhelm Grimm. 16 Bde. Leipzig: Verlag von S. Hirzel.

Heyse, V.; Erpenbeck J. (2009): Kompetenztraining. 64 Modulare Informations- und Trainigsprogramme für die betriebliche, pädagogische und psychologische Praxis. Stuttgart: Schäffer-Poeschel.

HSGYM - Hochschule und Gymnasium (Hrsg.) (2008): Hochschulreife und Studierfähigkeit. Zürcher Analysen und Empfehlungen zur Schnittstelle: Zürcher Dialog an der Schnittstelle mit Analysen und Empfehlungen zu 25 Fachbereichen. Zürich: HSGYM.

Hyland, K. (2000): Disciplinary Discourses. Social Interactions in Academic Writing. Harlow, England: Longman/Pearson Education.

Ingenkamp, K.; Lissmann, U. (2008): Lehrbuch der Pädagogischen Diagnostik. Weinheim, Basel: Beltz.

Jakobs, E.-M. (2003): Normen der Textgestaltung. In: O. Kruse, E.-M. Jakobs, G. Ruhmann (Hrsg.), Schlüsselkompetenz Schreiben. Konzepte, Methoden, Projekte für Schreibberatung und Schreibdidaktik an der Hochschule. Bielefeld: Universitätsverlag Webler. S. 171-190.

Johner, R. (2011): Begleitung von Projekten im Hochchulstudium. In: G. Thomann, M. Honegger, P. Suter (Hrsg.), Zwischen Beraten und Dozieren. Praxis, Reflexion und Anregungen für die Hochschullehre. Bern: hep.

Kruse, O. (2007): Keine Angst vor dem leeren Blatt. Frankfurt, New York: Campus.

Kruse, O. (2010): Lesen und Schreiben. Konstanz: UVK.

Lippitt, G.; Lippitt, R. (2006): Beratung als Prozess. Leonberg: Rosenberger.

Lissmann, U. (2007): Beurteilungsraster und Portfoliobeurteilung. In: M. Gläser-Zikuda und T. Hascher (Hrsg), Lernprozesse dokumentieren, reflektieren und beurteilen. Lerntagebuch und Portfolio in

Bildungsforschung und Bildungspraxis. Bad Heilbrunn: Klinkhardt. S. 87-108.

Mayer, P. (2010): 77 mal wissenschaftliches Schreiben - eine Anleitung. Basel: Advanced Study Center, Universität Basel.

Meijers, A. W. M.; van Overveld, C. W. A. M.; Perrenet, J. C. (2007): Criteria for Academics Bachelor's and Master's Curricula. Eindhoven: TU/e.

Metzger, Ch.; Nüesch, Ch. (2004): Fair prüfen. Ein Qualitätsleitfaden für Prüfende an Hochschulen. St. Gallen: Institut für Wirtschaftspädagogik der Universität St. Gallen.

Meyer, R. (2009): Soft Skills fördern. Strukturiert Persönlichkeit entwickeln. Bern: hep.

Ortner, H. (2000): Schreiben und Denken. Tübingen: Niemeyer.

Oxford University Press (1989): Masterpiece. In: Oxford English Dictionary. Prepared by J. A. Simpson and E. S. C. Weiner. Oxford: Oxford University Press.

The Quality Assurance Agency for Higher Education (2009): Personal development planning: guidance for institutional policy and practice in higher education. Gloucester: The Quality Assurance Agency for Higher Education. Download: http://www.qaa.ac.uk/en/Publications/ Documents/Personal-development-planning-guidance-for-institutional-policy-and-practice-in-higher-education.pdf [Stand: 21. Nov. 2014].

Reetz, L. (2006): Schlüsselqualifikationen aus bildungstheoretischer Sicht - in der berufs- und wirtschaftspädagogischen Diskussion. In: R. Arnold und H.-J. Müller (Hrsg.), Kompetenzentwicklung durch Schlüsselqualifikations-Förderung, Bd.19. Baltmannsweiler: Schneider-Verlag Hohengehren, S. 39-49.

Richards, J.; Rogers, T. (2001): Approaches and Methods in language Teaching. Cambridge: Cambridge University Press.

Roth, H. (1971): Pädagogische Anthropologie. Band II. Entwicklung und Erziehung. Grundlagen einer Entwicklungspädagogik. Hannover: H. Schroedel.

Ruhmann, G. (2003): Präzise denken, sprechen, schreiben - Bausteine einer prozessorientierten Propädeutik. In: K. Ehlich und A. Steets (Hrsg.), Wissenschaftlich schreiben - lehren und lernen. Berlin, New York: Walter de Gruyter. S. 211-231.

Rychen, D.; Salganik, L. (Hrsg.) (2001): Defining and selecting key competencies. Seattle: Hogrefe & Huber.

Sacher, W. (2004): Leistungen entwickeln, überprüfen und beurteilen. Bad Heilbrunn: Klinkhardt.

Schnetzer, A. (2006): Peer-Feedback auf Texte an Mittel- und Hochschule. In: O. Kruse, K. Berger, M. Ulmi (Hrsg.), Prozessorientierte

Schreibdidaktik. Schreibtraining für Schule, Studium und Beruf. Bern, Stuttgart, Wien: Haupt. S. 195-214.

Seldin, P. (1997): The Teaching Portfolio. A Practical Guide to Improved Performance and Promotion/Tenure Decisions. Bolton, MA: Anker Publishing Company, Inc.

Sitta, H. (2010): Wissenschaftliches Schreiben – nicht nur eine Aufgabe der Universität, sondern schon eine des Gymnasiums. In: A. Saxalber und U. Esterl, (Hrsg.), Schreibprozesse begleiten. Vom schulischen zum universitären Schreiben. Innsbruck, Wien, Bozen: Studienverlag. S. 115-126.

Steinhoff, T. (2007): Wissenschaftliche Textkompetenz. Sprachgebrauch und Schreibentwicklung in wissenschaftlichen Texten von Studenten und Experten. Tübingen: Niemeyer.

Thomann, G. (2011): Grundlagen der Beratung für die Hochschullehre. In: G. Thomann, M. Honegger, P. Suter (Hrsg.), Zwischen Beraten und Dozieren. Praxis, Reflexion und Anregungen für die Hochschullehre. Bern: hep.

Thomann, G. (2013): Ausbildung der Ausbildenden. Bern: hep.

Thomann, G.; Pawelleck, A. (2013): Studierende beraten. Opladen: Budrich.

Ulmi, M.; Bürki, G.; Verhein, A.; Marti, M. (2014): Textdiagnose und Schreibberatung. Fach- und Qualifizierungsarbeiten begleiten. Opladen, Toronto: Budrich.

Walzik, S. (2012): Kompetenzen prüfen. Leistungsbewertung an der Hochschule in Theorie und Praxis. Opladen: Budrich.

Zimmermann, T. (2014): Durchführen von lernzielorientierten Leistungsnachweisen. In: H. Bachmann (Hrsg.): Kompetenzorientierte Hochschullehre. Bern: hep. S. 50-85.